画笔记

不会画画也可以学会的视觉笔记

一休◎著

中国铁道出版社有限公司
CHINA RAILWAY PUBLISHING HOUSE CO., LTD.

图书在版编目（CIP）数据

画笔记：不会画画也可以学会的视觉笔记 / 一休著 .—北京：中国铁道出版社有限公司，2019.6（2024.4 重印）

ISBN 978-7-113-25542-8

Ⅰ.①画… Ⅱ.①一… Ⅲ.①学习方法 Ⅳ.① G791

中国版本图书馆 CIP 数据核字（2019）第 031343 号

书　　名：画笔记：不会画画也可以学会的视觉笔记
作　　者：一　休

策　　划：巨　凤　　**读者热线电话：**（010）83545974
责任编辑：苏　茜　　**编辑助理：**邹一丹
责任印制：赵星辰　　**封面设计：**MXK DESIGN STUDIO

出版发行：中国铁道出版社有限公司（100054，北京市西城区右安门西街 8 号）
印　　刷：番茄云印刷（沧州）有限公司
版　　次：2019 年 6 月第 1 版　2024 年 4 月第 7 次印刷
开　　本：710mm×1 000mm　1/16　**印张：**15　**字数：**162 千
书　　号：ISBN 978-7-113-25542-8
定　　价：59.00 元

前言

2014年，我参加工作刚半年，就收到了公司裁员的通知。更让我觉得惊慌的是，公司里的人都在传：这一次裁员，有可能从应届生开始。

我到现在都记得自己那个时候惊慌的样子，那时候的自己初入职场，项目经验几乎为零，除了跟着师傅按部就班地做事，每天过着“三点一线”的生活。因为自己毫无特长、毫无出彩之处，有时候甚至感觉自己像“便利贴”一样，也正是因为如此，我对即将到来的裁员显得忧心忡忡。那几天茶不思饭不想，在公司发布消息的当天，我害怕地躲进洗手间，反锁上门，对着镜子看，镜子中的我是那么认真，我对自己说“要是能留下来，我一定要换个活法。”

那时候感觉唯一可以安慰自己内心焦虑的东西就是读书了，但是大片的书籍文字让我望而生畏，有时候看了上文就忘了下文，合上一本书，我竟然记不起来书中到底说了些什么。就是在那时候我开始自问，怎样才能把这些东西都记住。很长一段时间以后，我在机缘巧合之下见到了视觉同传——通过图像结合文字传达演讲者的信息，兴奋、相见恨晚都难以表达我当时的心情，其状态有点像在干涸的土壤下悄悄发芽的种子，因为遇到“视觉同传”这场及时雨而迅速地破土而出。视觉同传是这几年新兴起的一个职业，也是一项专业性很强的技能，除了基本的绘画能力外，引导能力、聆听能力、现场的整合能力都是极其考验人的，它需要在一些比较大型的演讲 / 会议场合，将讲话人的内容同步绘制出来。除了基本的记录能力外，还要有把文字转化成图像的能力，以及迅速抓取到演讲者重点的能力。意识到这些的时候，我开始曲线救国，我没有要求自己边听边画，而是先输入，后输出，拿来做实验的就是我百思不得其解的怎么才能记住一本书的内容。

后来此事也成为我很值得骄傲的事情之一。在 2014 年到 2016 年的时间里，我坚持每周读完一本书，并且将里面的核心内容画出来，到 2016 年底，我画了近 100 本书的读书笔记。在这个过程中，我感受到视觉的力量，让我一个从来不喜欢看书的人在 2 年内能保持每周一本书，且每一本书都能做到有效输出。更让我惊奇的是，我身边的很多朋友都喜欢这种清晰明了印象深刻的表达，喜欢这些既好看又实用的展现方式，源于此，激发了我想要去研究视觉化呈现的方法论。

我将此方法论称为“视觉笔记”。与我见到的视觉同传不同，它不需要专业的人来做，而是一种人人可以具备的技能——把它作为一种图像语言用于交流。它不需要学习者边听边画（我们可以读完一本书，或听完一次课再进行整理），也不需要学习者具备高深的绘画技巧，只需要学习者通过简单的图像，表达心中的想法即可。

古典老师曾说，做教育的人就是拿着拯救过自己的事情再去拯救别人一遍。在我最彷徨、最迷茫、最无助的时候，视觉表达给了我可以支撑的力量。这几年对视觉思维的钻研、磨练，让我从那个手足无措害怕被裁员的刚毕业的大学生（设计师岗），转变为现在的职业讲师，也帮我建立了自己的时间管理体系。

很多人问为什么能坚持画书2年？其实不止两年的时间，从2014年10月到现在，我一直在坚持百天行动（战隼老师提出的坚持1件事情连续100天），每天坚持用画笔记录生活，到图书出版为止，我的百天行动已经坚持了13轮。这就是我为什么很想把这个方法分享给其他人的原因。我把这些方法整理出来，仔细推敲，将其写入我的这本新书里，即使是零基础小白也可以看懂、读懂并掌握。

本书主要分三个部分，第一部分（1～3章），主要介绍视觉笔记以及没有任何基础的伙伴如何从零开始，有方法、有技巧，也有素材；第二部分（4～8章），主要介绍画笔记最为核心的IMAGE五步法，伙伴们只要通过这个步骤，就可以完成属于自己的视觉笔记；第三部分（9～11章），主要介绍视觉笔记在工作、生活以及学习中的应用；附录主要介绍画笔记的常用工具、视觉元素以及画笔记的过程中容易出现的一些问题。

我希望，这本书能帮助到那些从小有一个画画梦，但是却从来不敢尝试的伙伴；能够帮助到那些想通过图像表达想法的伙伴；帮助那些终身学习的伙伴，通过视觉笔记的方式去归纳整理信息，加强记忆；希望能够帮助想为宝宝记录生活轨迹的宝妈，以及在职场上寻找创新方法的伙伴，尤其是想通过一门兴趣让自己沉静下来，发展特长的伙伴。

如果说我自己对大家有什么期待，那就是想让更多人把画笔记当成一种新的生活方式。不仅仅是方法论，不仅仅是技能，而是一种新的生活方式，以视觉的视角去看待生活，以一个全新的角度去观察生活中的一点一滴，用心记录身边的一切，让自己的时间看得见。

最后还要感谢一直支持我的家人，从收到Sophie邀约到出版，前前后后有一年的时间。而这个时间，是我宝宝出生后的第一年，家庭的重担全部放在了两位妈妈、爸爸和另一半身上。很多个周末，都是爸爸负责带孩子，我负责写书；还有我的编辑 Sophie，可以说，如果没有她，这本书可能要推迟好久才能跟大家见面；秋叶私房课，更是给了我很多写书的灵感，特别是我的辅导员老秦，给了我 IMAGE 五步法最初的方向。还有一路陪伴在身边的画笔记家族的小伙伴——茸茸、小妖、倩仪、种子、小赖、小蛮、喵呜、吴碧霞和我的学员们，是她们让我知道，IMAGE 是多么的有力量。

愿画笔记能点亮你的生活。

目录

基础篇

一看就懂的视觉笔记

1 摆脱枯燥的文字

1.1 这些年，吃的都是不会记笔记的亏----5
1.2 为什么视觉思维如此重要----7
1.3 视觉笔记与思维导图、手账的区别----10
1.4 视觉笔记可以用在哪里----15

2 想学视觉笔记，不会画画怎么办？

2.1 学会“画”笔记的3个秘诀----25
2.2 学会画图，用这一种方法就够了----28
2.3 熟记这些视觉单词，就可以画出80%的视觉笔记----33

3 开始画笔记之前必须了解的事

3.1 一则好的视觉笔记要具备的ABC法则---41
3.2 视觉笔记的3个层次---49
3.3 视觉笔记的绘制流程---52

方法篇

一学就会的IMAGE五步法

4 Inductive data——归纳信息

4.1 没有整理过的信息都是无效信息---63

4.2 快速获取重点信息的4种技巧---65

4.3 画出信息间的关系，就用这5种结构---69

5 Model selection——选择构图

5.1 不会做版式？直接套用这5类构图---79

5.2 如何驾驭千变万化的构图---89

5.3 总觉得构图没创意？——使用隐喻---92

6 Add text——添加文字

6.1 写字不好看，可以做视觉笔记吗---105

6.2 轻松画出标题的7种方法---110

6.3 信息点太多？使用项目符号快速整理信息---114

6.4 文字画，让你的视觉笔记颜值UP---116

7 Graphic design —— 设计图像

7.1 文字秒变图像的4种方法---123

7.2 如何成为快速画图的高手---125

7.3 如何画出具有创意的视觉图像--- 127

7.4 1小时画出100个视觉单词的秘诀---129

8 Emphasize points——强调重点

8.1 视觉笔记色彩知识知多少---137

8.2 色眼识图：解密视觉笔记色彩搭配---143

8.3 手把手教你涂色彩---149

8.4 如何让你的笔记与众不同---155

应用篇

万事万物皆可画笔记

9 运用视觉让自己在职场“火”起来

9.1 把无聊的会议变成展现自己能力的良机---169

9.2 工作总结想要创新？一张图告诉老板---173

9.3 工作创新新思路——纸片动漫---176

10 用一张图画出一本书

10.1 如何做到一张图画出一本书---183

10.2 画笔记的价值在于学以致用---186

10.3 举一反三：一张图画出一堂课---189

10.4 如何将纸质内容电子化---191

11 视觉笔记的更多可能

11.1 因视觉笔记成就的“斜杠”人生---199

11.2 “斜杠”新机会——视觉记录师---202

11.3 每天5分钟，成为视觉笔记达人---205

11.4 装备加分——在iPad上画笔记---211

附录

附1：画笔记学堂常见问题---216

附2：画笔记常用工具介绍---222

附3：常用的180个视觉单词---223

基础篇

一看就懂的视觉笔记

乍看起来

视觉笔记像一个庞然大物，想要从零开始，似乎有些困难，但是只要分解下来，你会发现，学习视觉笔记，就好像学习一门语言一样，有基本的视觉字母，学会字母之后可以组成视觉单词，甚至是视觉句子。

在视觉笔记中，我们可以将物体的点线面理解为视觉笔记的字母；而视觉单词，我们有一个更专业的叫法——视觉元素。无论想要达到视觉笔记的哪一个阶段，都要从最基本的“画画”开始，可能你还在想“哦，我并不会画画……”

开始吧！

第 1 章

摆脱枯燥的文字

“

我还在读高中的时候，网上流传过一个帖子——《学霸的笔记是怎样的》，里面有五颜六色的插图和各种符号，我清晰地记得那里面有我最害怕的科目——生物，有些内容还被重点强调出来。严格说起来，那是我第一次见到视觉笔记。

那时候我内心觉得“哇，这简直酷毙了”；可随之而来的，是觉得“这肯定是只有美术生才能做到的事情，我就别想了”。然后“视觉化笔记”这颗小石子，在我内心的湖面上泛起了那么一阵涟漪之后，消失不见了。

再次想起这个片段，是一次跟一位老师去给她的学生买辅导书，我被书架上的《学霸笔记》所吸引，顺手抽出来，才发现这是一本数学复习资料，打开翻看后，书里各式各样的插图和注解让我想起十几年前的那篇帖子。书架上不止这一本，所有科目，一应俱全。

我开始感叹，原来视觉笔记的用途比我想的还要广泛，形式还要多样，就连初中生辅导书都开始普及使用，如果我早一点学会这些，人生会不会不同?

”

1.1 这些年，吃的都是不会记笔记的亏

你喜欢读书么?

2014 年之前，我一点都不喜欢，确切地说，是不喜欢自己读书的状态。那个时候很少读书，因为读了也记不住，即使做了笔记，画了重点，但是读完之后，这本书似乎就跟自己没有关系了。一年下来，也很少能读几本书。

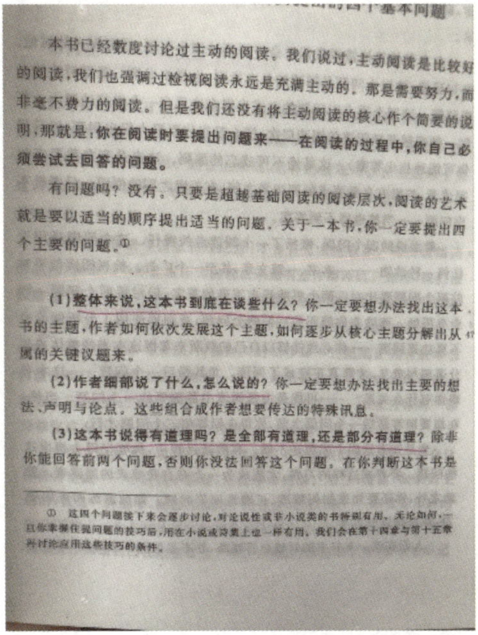

本书已经数度讨论过主动的阅读。我们说过，主动阅读是比较好的阅读，我们也强调过检视阅读永远是充满主动的。那是需要努力，而非毫不费力的阅读。但是我们还没有将主动阅读的核心作个简要的说明，那就是：你在阅读时要提出问题来——在阅读的过程中，你自己必须尝试去回答的问题。

有问题吗？没有。只要是超越基础阅读的阅读层次，阅读的艺术就是要以适当的顺序提出适当的问题。关于一本书，你一定要提出四个主要的问题。①

(1)整体来说，这本书到底在谈些什么？你一定要想办法找出这本书的主题，作者如何依次发展这个主题，如何逐步从核心主题分解出从属的关键议题来。

(2)作者细部说了什么，怎么说的？你一定要想办法找出主要的想法、声明与论点。这些组合成作者想要传达的特殊讯息。

(3)这本书说得有道理吗？是全部有道理，还是部分有道理？除非你能回答前两个问题，否则你没法回答这个问题。在你判断这本书是

① 这四个问题接下来会逐步讨论，对论说性或非小说类的书特别有用。无论如何，一旦你掌握住提问题的技巧后，用在小说或诗集上也一样有用。我们会在第十四章与第十五章再讨论应用这些技巧的条件。

▲原来的读书笔记

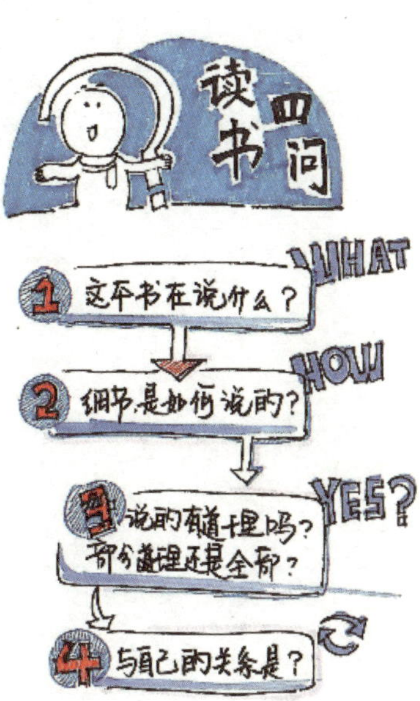

▲视觉笔记的读书笔记

不可思议的是，2015 年，我在写年终总结的时候无意间发现，自己一年竟然读了 45 本书，几乎接近每周一本。更重要的是，读过的每一本书，我都能回忆起书中讲了什么，作者的观点是什么，有哪些“金句”，哪些被我用在了自己的工作和生活里。

你一定会好奇到底是什么促使了我的改变，其实我并没有上什么阅读课，也没有参加什么颠覆我人生观的大师班，只是稍微改变了我记笔记的习惯：从原来单纯地在书上画画线、写写字，变成在本子上画画图、记录重点内容。这种用图像结合文字来呈现重点信息的记录方式，我称它为视觉笔记。

相较于枯燥无味的文字信息，人们更喜欢这种图文结合的方式。所以，这也是为什么，每次我整理完一本书，就会被伙伴们拿去互相借阅。当然，也曾有人这样质疑我：我为什么要去画一本书而不是记录文字信息呢？这样做笔记，有哪些好处呢？

1.2 为什么视觉思维如此重要

视觉笔记最初能够吸引到我，是因为它看起来有趣及形象的外表，等我真正开始探索自己的视觉笔记之路的时候却发现了它具有更深次的魅力。

开发右脑

随着年龄的增长，人的手做精细动作能力越来越强，但是为什么一般人的绘画能力却停留在孩子的水平呢？这是因为 9 岁之后，大部分孩子的学习时间被学校的系统训练占得满满的，而学校的教育一般只开发左脑，训练我们的判断、逻辑、效率等能力，所以 9 岁之后，我们的认知就被左脑主导了，主管创作与艺术的右脑却未被开发。因此，掌握视觉笔记，使用图像进行表达，是不断开发右脑的过程。

我们的大脑天生爱图像

其实，我们的大脑天生爱图像。可能你并未意识到，无论是工作还是日常生活中，我们一直在使用“视觉化”。聊天时，你会使用表情；购物的时候，你也是在看图；看新闻的时候，你还是在看图；甚至你上班路上接收到的菜单都是图文结合的。我们的大脑已经养成了爱读图的习惯。

图像传达能力更快速

有研究显示，在说明书中附上插图能让使用者的完成度高出 323%，而且大脑对于图像的领会速度远远高于文字信息。比如当你看到右侧两幅图的时候，你可能用 0.1s 的时间就 get 到了右侧图片中左边的信息，但是却要用 1s 的时间才能读完右侧的文字，然后才是在脑海中翻译出它所对应的图像。

画图是一种深入思考

我们的眼睛总是在东张西望，但不见得真的在看，而当你真的画出一个物体时，你就会认真投入心思。视觉笔记也是如此，以做读书笔记为例，如果你想要通过图像来表达书中的内容，首先要对信息本身理解到位，在理解之后才能把信息之间的关系，信息的内容呈现出来，可以说是一次对信息的二次整理，这样方式的读书笔记相较于摘抄式的读书笔记更能够刺激大脑的思考。

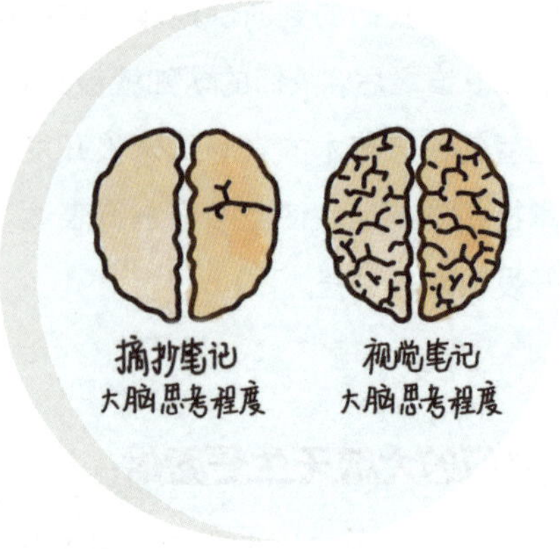

由此可见，我们的环境越来越重视可视化，掌握视觉化表达成为一种必备技能。视觉笔记并非只有外在的光鲜亮丽，它不是一种艺术创作，也不是一项与个人无关的展现方式，而是已经成为一项越来越重要的技能。正因为它是一种新兴的整理信息的方式，经常会被很多伙伴误认为是图画版的“思维导图”，还有伙伴会认为是“手账”，视觉笔记与这两者的区别是什么呢?

1.3 视觉笔记与思维导图、手账的区别

思维导图

思维导图又称心智图，也是“图文结合”的“图”，它的内容更多的是通过发散的线条链接起来，更加注重逻辑思维的整理，尤其是信息的分类。

▲图片来自：百度

对于思维导图来说，图像不是必须的内容，但创始人Tony Buzan非常提倡画图，画图的目的更多的在于强化记忆和展开联想与想象，思维导图中的“图像”主要用于中心主题和重要部分，并非装饰，图像本身更多的是对文字信息的直接翻译。思维导图的文字信息多呈现为“关键词”，画图也不要求美观；除了可以手绘外，也有很多相应的软件工具，如XMind、MindManager等。

思维导图在使用时更多是对内容梳理。比如读书，通过思维导图把握书中的内容结构；也可以用来梳理逻辑，比如写文章时一些散落的点通过思维导图去组织归纳。

思维导图更加注重逻辑归类，图像主要用于加强记忆与展开联想，图像不是其必须的内容，表现上也相对比较固定，一般遵循从中心向四周发散的构图方式。

手账

手账源于日本，始于个人管理，后来慢慢地发展成各种风格——复古风、简约风、贴纸风、“码字党”等，喜欢做手账的伙伴也经常被称为“手账 er”。

▲生活随记

手账相对于视觉笔记而言，其共同的部分是都是“图文结合”，但是手账的“图”表达的更加自由：图可以是画的，也可以是拼贴。何为拼贴，就是手账 er 从杂志、宣传单、包装盒等很多地方剪下来的好看的“图”。与视觉笔记不同的是，手账中的“图”，可以与文字信息没有任何关联，只作为装饰使用，当然也可以与文字信息相关。所以，手账没有所谓的“逻辑”的部分，更多的是一种自我表达，可以理解为是图文集合的“日记”；另外一个不同点是，手账会更加强调“动手”能力，这里的动手不是指的“画”，而是剪裁、拼贴的能力。

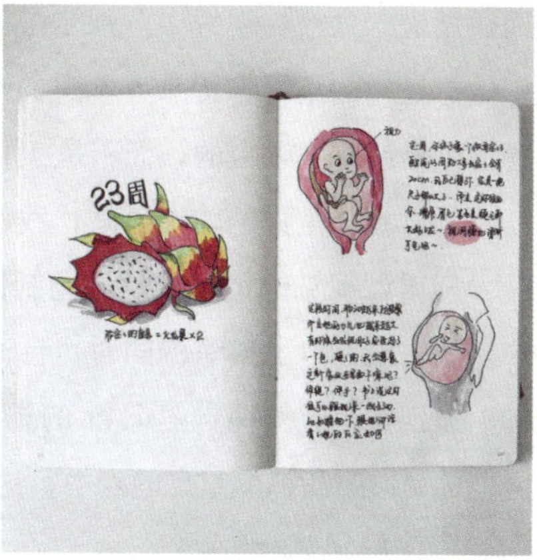

▲育儿手账

随着手账的发展，一些比较成熟的手账 er 都会有自己的手账体系，比如我个人的手账体系如右图所示。

▲电影手账

▲自我管理

视觉笔记

视觉笔记的兴起是因为 UI、UX 设计的不断发展，加之近几年视觉引导的发展而逐渐进入大众的视线中。视觉笔记的构图相较于思维导图来说要丰富很多，会根据信息逻辑的不同与记录者本身的喜好不同有多样的变化；视觉笔记的图与文字信息必须是要高度融合的，而不是美化后的笔记，这点与手账也完全不同。

根据视觉笔记的输出时间，我们可以将它分为即时型和非即时型两种。

即时型视觉笔记指的是现场制作，输入和输出同步进行的笔记。比如一场演讲中，演讲者在台上演讲的同时，台下的视觉笔记 er 会同步将演讲者的内容画出来。即时型视觉笔记对视觉笔记 er 的要求较高，除了快速准确的图像表达能力外，同时考验的是聆听和抓取重点的能力，这种表达方式也有更加专业的名字——视觉同传。

▲边听边画

非即时型视觉笔记是先输入再输出，有足够的时间整理归纳信息以及处理图像。比如读完一本书后的读书笔记，听课后再次整理的笔记等。

如下面这张笔记，是一张线上课的课堂笔记，先听完课，然后将课堂上的内容整理，最后输出视觉笔记。

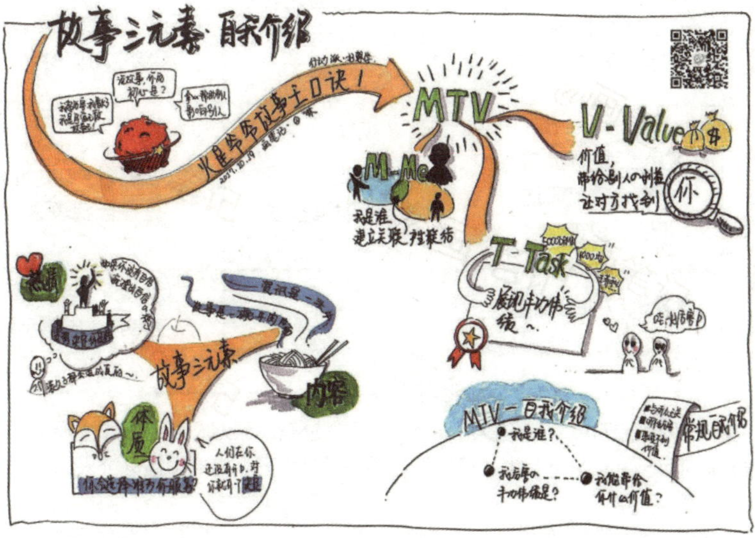

▲先听后画的视觉笔记

视觉笔记 思维导图 手账区别

		视觉笔记	思维导图	手账
图示			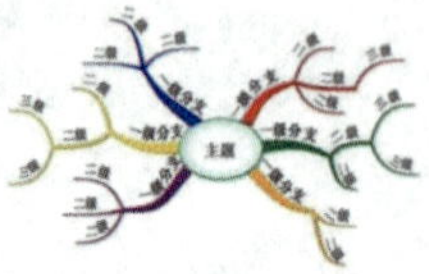	
相同点		图文结合，开发右脑的有效工具		
不同点	由来	UI / UX的发展以及引导工具的普及	创始人Tony Buzan	源起于日本
	图文关系	图像用于描述某一场景或关键词，图像是文字的表达或延伸	图像用于呈现关键词，并非装饰	图像可以与文字无关，图像既可以手绘也可以拼贴
	侧重点	实用性强，通过图像结合文字表达想法、呈现信息	实用性强 着重于逻辑整理	兴趣爱好，更加注重自我表达
	分类	即时型 / 非即时型		生活记事，自我管理 亲子育儿、电影手帐

说明：三者好比厨房的刀具，有砍骨刀，有切菜刀，还有水果刀，不能说哪个好，哪个不好，用途不同而已。无论是手帐，视觉笔记还是思维导图，需要根据每个人的实际情况选择合适的表达工具。

1.4 视觉笔记可以用在哪里

视觉笔记不是一种艺术创作，不是设计师和艺术家的专属，是人人都可以掌握的技能。视觉笔记更像是一种沟通方式，就如我们会用语言表达一样，视觉化可以助力我们的沟通，不仅可以用于画读书笔记、做会议记录，而且在多个场合可以使用它来呈现，如学习、工作、旅行、家庭、个人管理等。

▶学员 Jenna《普通人崛起的十大狠招》

大自然小侦探
蚊子
谁是受害者
一蟹蛛捕食
▲蟹蛛的拟态
▲保护色
▲捕食的策略
▲蟹蛛不织网，通过模仿捕食
海芋怪圈
萤叶甲吃海芋叶
▲海芋和萤叶甲协同进化
▲有毒植物
▲改造植物
乌粪变蛇
▲蝴蝶的变态发育
▲伪装成鸟粪保护自己
▲伪装成蛇恐吓别人
草蛉卵
草蛉蚜狮捕食
行走的垃圾
自然界的自我保护
拟态、伪装
保护色、恐吓
捕食方式
杜鹃的巢寄生
Eva 2018.0906

最好の休息
什么是休息？
●是恢复疲劳，放松神经，当你重新投入工作与学习的时候觉得又是一个精力充沛的新人。
消极
饱睡11个小时
酒吧疯玩至天明
到KTV释放饭后的一串饱嗝。
误解の休息
休息≠睡眠 NO
有效休息，主要对睡眠不足或体力劳动者使用。
休息≠停下来
通过改换活动内容，就能使大脑的不同区域得到休息。
脑力
体力
积极休息清单
消极
积极
看两小时让你开怀的漫画、小说。
周末10点睡，6点起，去走走无人的街道。
找一条你从未去过的街道，把它走完。
每周花≥1h学习一项新的技艺（吉他、舞蹈）
做点困难的事。
不会休息的人就不会工作。
工作不应成为生活的全部，工作只是为了更好的生活。
by Yannis
2018-7-23

广东省博物馆
展览预告
画笔记 Jenna 18.9.15
18.9.30—18.11.18
古蜀宝藏
—四川文物精品展
18.9.27—19.3.3
鼻尖上的喜悦
—嗅觉的秘密与香文化
18.12.13—19.4.14
梦回大唐
盛唐生活和艺术展
18.12.18—19.5.5
风尚
中国外销扇
18.12.20—19.3.20
不朽
古埃及文物精品展

1

2 | 3

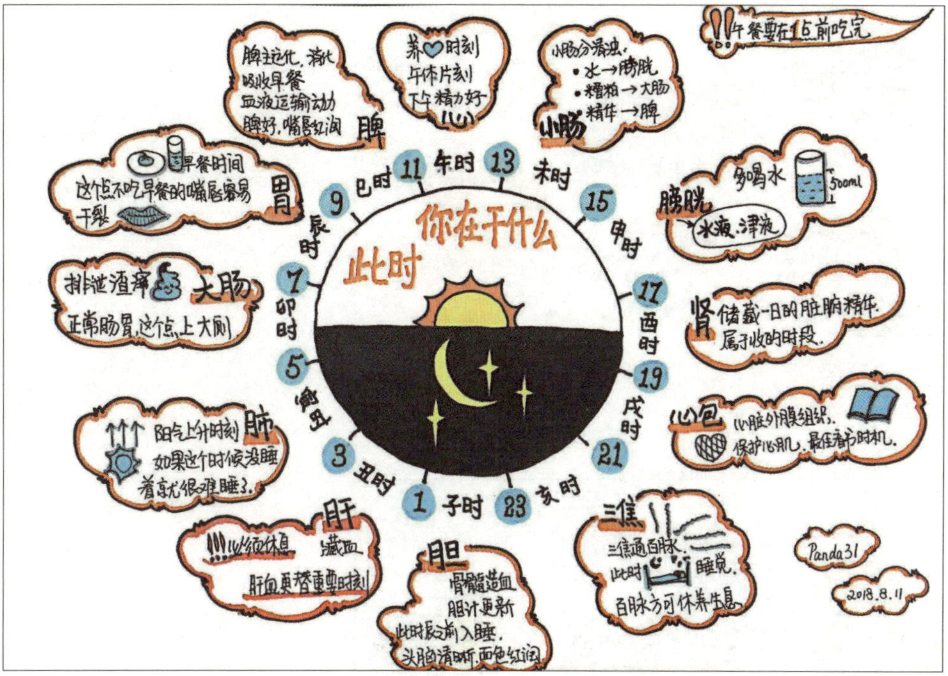

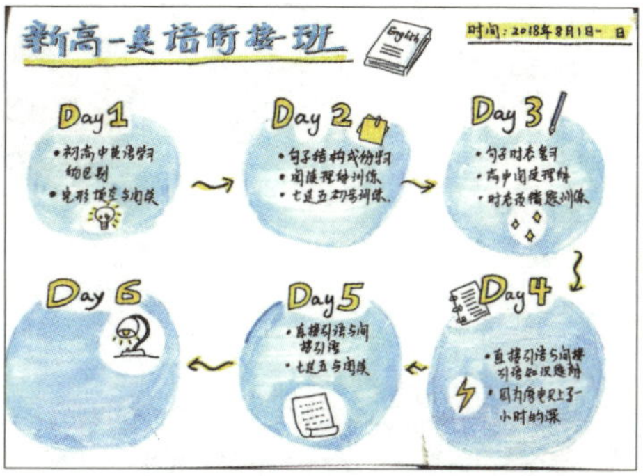

◀1. Eva 的工作记录
2. Yann's 的笔记
3. Jenna 的观展预告

▲
1. 来自微商学员 panda 的养生图谱
2. Lina 的自我介绍
3. 一位妈妈为孩子制作的学习计划

	1	
2		3

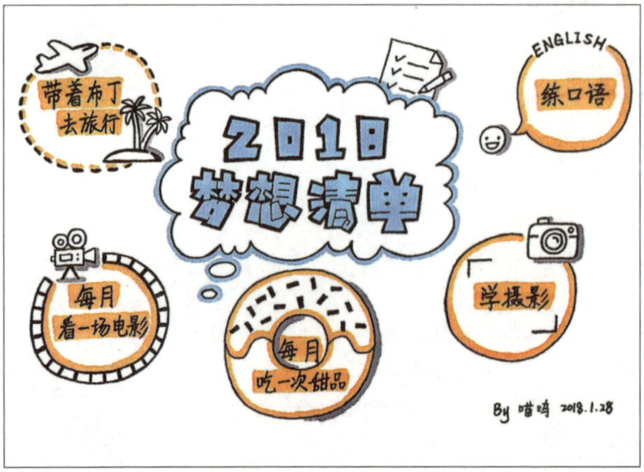

1
2
3

1. 学员 yaya 的日常打卡一月总结
2. 辅导员小蛮的一年总结
3. 喵呜为自己制定的年计划

$\frac{1}{2}$

1. 雷励中国军姐的视觉化会议记录

2. 爱美食的媛的烹饪教程

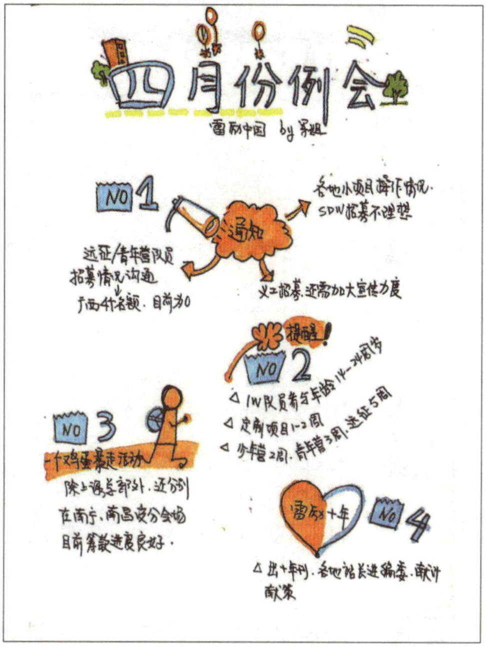

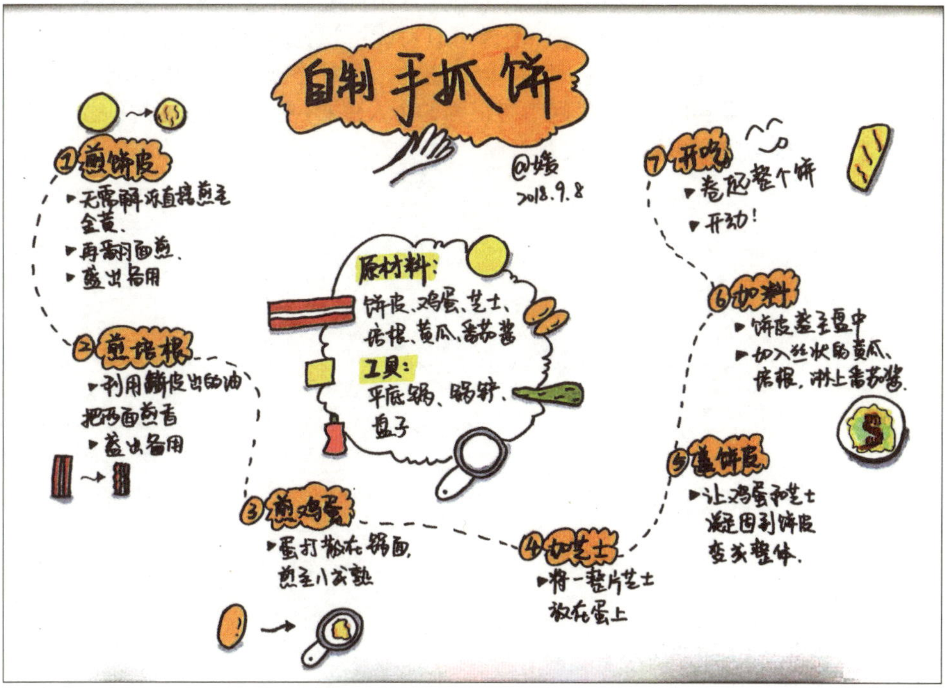

1 什么是视觉笔记？

视觉笔记是以图像结合文字呈现信息的一种表达方式。

2 为什么要做视觉笔记？

- 人的大脑偏爱图像多于文字，图像传达能力更快速，画图是一种深入思考。
- 使用图像进行表达可以帮助开发右脑。

3 视觉笔记与思维导图、手账的区别？

三者都使用了图文结合的表达方式，不同之处在于：思维导图更加注重逻辑思维的整理，图像可有可无；视觉笔记则是将文字信息以视觉化形式表达，图像是必要的，同时必须与文字相匹配，更加注重实用性；手账则带有很强的个人色彩，更加注重个人表达，图像与文字可以毫无关系。

第一次接触视觉笔记是什么时候？是什么激发了你学习视觉笔记的热情？你学视觉笔记的初心是什么？

作业点评

无论你从什么时候喜欢上了视觉化表达，都是一个新的开始，希望这种兴趣会一直伴随着你；相对于怎么画来说，了解自己为什么画更加重要，这样才能给自己制订清晰的计划与目标。

视觉笔记从来不是自我炫耀的工具，无论何时何地都应该是与人分享。

第 2 章

想学视觉笔记，不会画画怎么办

“

每当别人看到我的笔记时，大多数人都会说“哇，你的笔记真好看”，随之而来的，往往都会是“你是学设计或者学画画的吧”“学这个要一些美术基础吧”“这个得有点美术天赋才行吧”更有一些伙伴，会直接否定自己“像我这种‘手残党’，看看就可以了，学会是不可能的”。

在回答这些问题之前，我想跟你传达一个观点——

画画是每个人的本能，就像我们在妈妈肚子里的时候就会游泳一样，这是与生俱来的。画画对于人类来说，不是一种艺术而是一种表达方式，不要误以为画画是一类人特有的天赋，插画师拿着手绘板画出的作品叫画；你拿起笔，随便画一个火柴人，这也叫画。在心理学上，画画被称作是一种“非语言的诉说渠道”。

可是为什么很多人说自己不会画呢？这是因为，没有了解画笔记的秘诀。

”

2.1 学会“画”笔记的 3 个秘诀

画笔记秘诀 1：像孩子一样画画

我们都有爱画画的童年，可是涂涂、画画这件事，怎么就从我们的人生中消失了呢？长大后的我们对画画这件事变得越来越不自信，总觉得自己画得歪歪扭扭不如孩子画的，这是因为小时候我们画画是没有标准的，我们画的人可以歪歪扭扭，可以少个眼睛，可以没有嘴巴，画成什么都可以，老师或者爸妈对孩子画画这件事的标准就是释放天性。宜家家居就曾在全球各地募集小孩子的创意涂鸦并将其设计成玩偶，可以说，小孩子的涂鸦，是最能释放天性与催生创意的了。

▲图片来自：宜家官网

可是长大后，怎么就变了呢？这是因为长大之后，我们自己还有老师对画画有了新的标准——必须画得像，但是画得像需要大量的枯燥练习，这相较于原来孩子自由自在的涂鸦，我们慢慢放弃了想画画的念头，成年人不会画画变成了自然而然的事情。所以放弃你心中原来的观念吧，拿起画笔，唤醒你内心深处的涂鸦小孩，像孩子一样，放开自己尽情去画。

当代西方有创造性的艺术家毕加索在 16 岁的时候，作品就在西班牙国家美术大展，成为主流的艺术家，但他人生的后几十年只致力于一件事情——如何画得不像。他有句名言是“我能用很短的时间画的像一位大师，但我用一生去学习如何画的像个孩子”。

所以画得像并不是画画得唯一标准，画出的内容只要能够表达出我们想要表达的意思，就是一件非常棒的作品。所以，像毕加索那样，像孩子一样，拿起画笔，尽情涂鸦吧！

画笔记秘诀 2——表达想法，而非艺术

我猜，你说的“不会画”，应该是说“我可能画不了凡・高、米开朗琪罗那么好”。对于“画画”这件事情，大家都陷入一个怪圈，以为画画 = 画得好、画得像，可是画得好、画得像是艺术家的事情，我们只需要做到“表达出想法”就可以了。

很多时候，你已经在不知不觉中使用视觉化了。比如你在做 PPT 时，会绘制一张表格，填入数字，一个数据表就完成了。还有的人，在记录的时候会不自觉地使用箭头，将步骤一一排序。开会时，我们会用一个圆圈将会议的重点信息圈出来——这些都是将信息以视觉化的方式呈现出来。

视觉化表达不是印象中的绘画，它不需要你有很强的美术功底，也不需要你有多高的艺术天赋，只要能够通过简单的线条，用简单的图像传达想法，目的就达到了。《The Sketchnote Handbook: the illustrated guide to visual note taking》一书中说“Ideas，NOT Art”，翻译过来就是“表达想法，而非艺术”。比如，怎么表达你的基因含有爸爸和妈妈的共同基因呢？

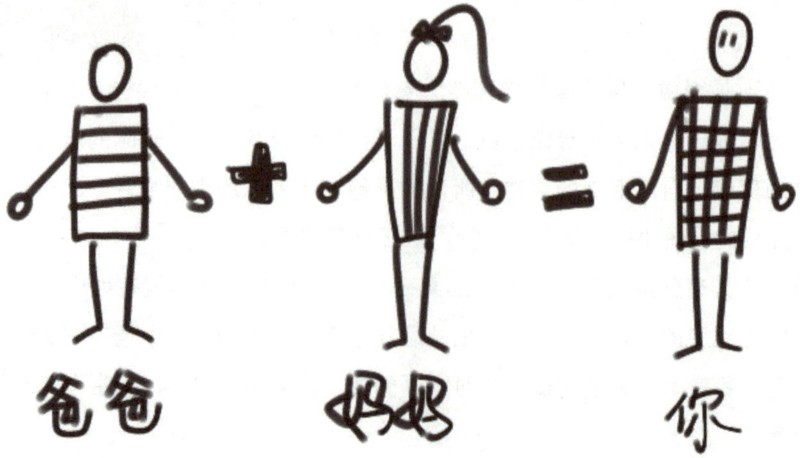

这也是我们画笔记的精髓所在，图像只是用于辅助我们更好的认知、记忆事物，并不是技艺的呈现。

画笔记秘诀 3——不断犯错

可能你会觉得奇怪，无论是课堂上的老师还是父母，都会让我们避免犯错，画笔记怎么会教人犯错呢？德国哲学家利希滕伯格曾说：没有的推论我们就无法推论，所以这并不是教人犯错，而是取得进步的必经之路。

从小的教育让我们习惯了拿笔写字，不习惯画画。在学习画笔记之初，经常会出现“连一条线都画不直”的情况，但奇怪的是，越是这样，我们就越想画直，造成的结果就是难以画出自己想要的东西。如果碰到这样的情况时，不如“将错就错”，让“笔随心动”，不要想着必须要画成什么样子，而是先尝试画出来一些东西，不要想它正确与否，跟着感觉走，与纸笔建立连接，慢慢地尝试更多可能。

告诉自己只是找回小时候的乐趣，尽情玩耍！当你在玩耍时，你就不会担心犯错，像孩子一样，找回爱涂鸦的你！

2.2 学会画图，用这一种方法就够了

我的课堂经验告诉我，即使告诉大家视觉化表达是“表达想法，而非艺术”，还是有很多伙伴会说“还是不会画……”

这是因为大家在生活中看到的都是完整的画面，视觉化表达时，要求我们能够“化繁为简”。比如画一只猫，大脑潜意识中猫应该是图（a）这样子；但是在表达想法的时候，我们只要画成图（b）这样子就可以了。

（a）

（b）

可能你又会说：从小不画画的我，连这只猫也画不出来好吗？

世界上所有的不会画画，其实都是没有找对方法。正确的方法是——拆解！

拆解

拆解是最能回溯根本的一种学习方式，不仅仅是视觉思维，任何技能都可以这样来。怎样才算是有效拆解呢？原则上拆解到能画出来就可以了。初次尝试的伙伴，建议拆解到图像的最小单位——点、线、面。具体来说，要拆解为最基本的5个元素：

毫不夸张地说，世界上90%的图形，都可以通过以上5个基本元素来完成。

这5个基本元素可以理解为学英文时候的基础字母，学好字母之后，就可以完成单词的组合、句子的组合乃至写出流畅的英语文章。点线面也是这样，我们可以通过点线面组合成简单的图像，然后再组合出场景，直至完成完整的视觉笔记。怎么才能由点线面组合成最基本的图像呢？比如还是刚才的那只猫，拆解后的它是这样的：

给刚开始尝试的你一些小技巧

（1）从简单开始，选择外轮廓分明的东西。比如一部手机，一个杯子，一台计算机，一本书。

（2）拆解时，眯起眼睛，看大轮廓是什么。比如是一个三角形还是一个圆形，还是一个三角形 + 一个圆形；在此基础上，继续拆解点线面，比如帆船。

不要想着一步登天，先从简单的开始！

拆解过后，是不是觉得画画其实很简单呢？当我们看到一个物体，想要把它画出来时，用“拆解”的方法就对了！同样的道理，我们不仅可以把物体拆解成点线面，也可以用点线面组合成图像。

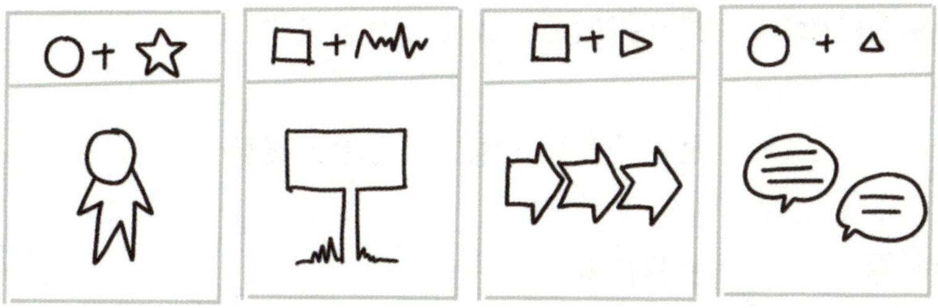

带着“拆解”的眼睛去看物体，所有的物体在你面前都只是点线面。你的手机就是一个长方形，长方形的里面，还有一个小一点的长方形，哦，是屏幕！在屏幕长方形的底部，还有一个圆圈，是按键！

这样的方式去画图，是不是稍微简单一些了呢？

哇，画完了，是不是觉得自己是个天才？！

如果你还想画得再好一点，可以看这里：

你可能画不好的原因是：	如何应对呢？
这是一张空白的纸	找一张废纸，先画上几条直线
怕画不好	画不好就换一张，反正没人看见
想画得很好看	多画几遍
不知道怎么下笔	跟自己说，30 秒，必须画出来
线条画不直	很多艺术家故意画出抖动的感觉呢，你现在就做到了

2.3 熟记这些视觉单词，就可以画出 80% 的视觉笔记

“拆解”不仅可以用在画具体的视觉单词上，而且可以用于整篇笔记。初学者面对一篇完整的内容时总觉得是一个庞然大物，实际上将一篇视觉笔记拆解后会发现，组成一则笔记的基本元素，不外乎是人物、边框和箭头。

从“谁”开始（who）

如果你不知道一篇笔记从何下手，画人物是一条很便捷的途径。只需要简单地把人物放入你的笔记，就能够很轻松地捕获人们的注意。

最简单又能表达想法的“星星”人

会写字母“A”就可以画出“A”字人

添加上表情，人物会更加生动

各式各样的对话框

除了人物之外，在一篇笔记中，应用最多的应该就是各式各样的“对话框”了。

多种用途的箭头

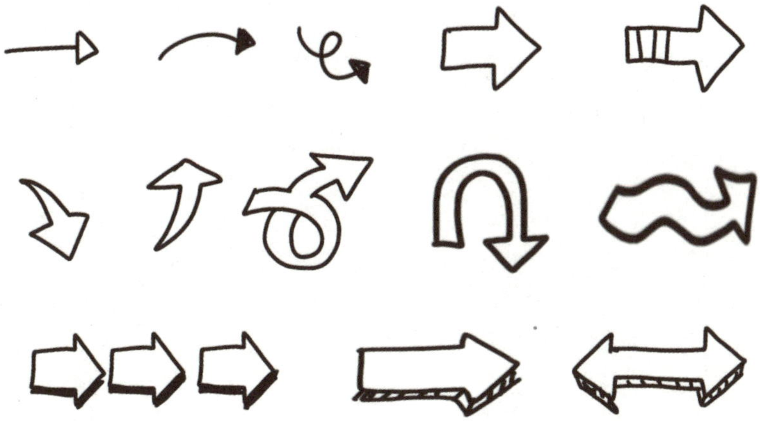

学会这些基本的视觉单词之后，你就可以完成 80% 的视觉笔记了！视觉新手应该如何将一堆文字信息转化成脉络清楚、重点清晰的视觉笔记呢？让我们带着疑问进入下一章的内容。

1

学习视觉笔记的 3 个秘诀是什么？

秘诀 1：像孩子一样画画；
秘诀 2：表达想法，而非艺术；
秘诀 3：不断犯错是必经之路。

2

学会画任何图像的方法是什么？

拆解，将物体尽可能拆解到最小单位：点线面。

3

视觉笔记的基本元素有哪些？

人物、对话框、箭头、表情等。

尝试画出距你 5m 范围之内的物品，比如一部手机、一个杯子，如果不会画，记得用点线面的方式去做拆解哦 ~

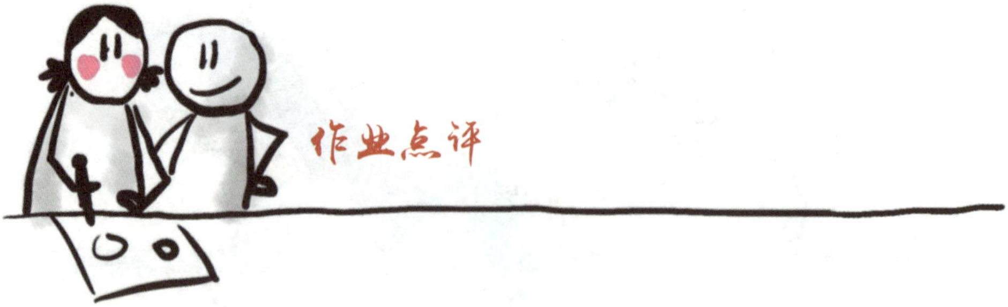

在这则作业拆解中，sunny 用了最简单的先拍照后拆解的方式，先在实物的基础上用线条进行拆解，比如对婴儿车的大致外形、构成有了基本的认识，然后再在纸张上将婴儿车画出，是一个非常完整的拆解过程，非常不错的捷径。拆解时候，一开始尽量从简单的物体开始，如一些外形比较规整的杯子、计算机、手机等，在练习熟练之后，可以进行复杂物体，如婴儿车的拆解。

第3章

开始画笔记之前必须了解的事

“

有一次跟同行的运营人员聊起视觉笔记时，他跟我描述了一个他在招聘时遇到的问题。

有个学员问他：你们的视觉笔记乍看上去非常吸引人，瞬间就被点燃兴趣，可是再看的时候，我怎么不知道从哪里开始看呢？看了半天晕头转向的，这样是让人了解信息更快了呢还是更慢了呢？

这是一个非常真实的问题，每个初学者往往都会被视觉笔记丰富的色彩与图像所吸引，每个想学习视觉化表达的人都在努力学习各种构图，想掌握多一点的视觉元素，可是很少有人会问，什么才算是一则好的视觉笔记？一则好的视觉笔记有什么标准呢？

”

3.1 一则好的视觉笔记要具备的 ABC 法则

图画得漂亮，算是优秀视觉笔记的标准吗？颜色搭配合适，算是优秀视觉笔记的标准吗？构图新颖，算是视觉笔记的标准吗？一则好的视觉笔记应该具备哪些条件呢？画笔记学堂中，是用 ABC 法则来评判一则笔记是否优秀。

A 是 Action，行动

从小到大我们都在记笔记，有人想过我们为什么记笔记吗？答案很简单，那就是为了解决问题，提高自己能力。

那么，怎样才能做到“解决问题”呢？

最简单的办法在笔记中呈现你的 Action，即行动清单。拿读书笔记来讲，在阅读过程中，我们经常会遇到作者告诉你有什么方法可以达成什么目标，也有可能作者让你去网上做什么测验，这些行动在看书的当下会非常有动力，你可能会忍不住在心里说：“哇，这个实在是太棒了，我等一下要去执行”！可是看完书之后，往往便会忘记，所以你的笔记中，应该留出一个行动清单的区域，只要在书中看到有用的内容，想要马上行动的或者启发你再去查看其他资料的，都要把它记在行动清单里面，这样只要看完一本书，也等于把读书后的行动清单做好了，之后再去执行。课程学习或者工作也是同样的道理，在会议过程中，可以留出一个行动区域，开会过程中的一些行动点都写上去，最好可以落实到每一个人，在会议结束的时候可以同步给到每一个与会人员。

下面的这则笔记，出自于课堂笔记——《如何写个人简介》，除了课堂上的内容之外，在右下角记录了课程结束之后的“Action”——图中标记“to do”的地方，就是在听完这堂课之后记录者的一些想法以及接下来要做的事情，如完成个人简介撰写，将个人简介的部分加到每一篇公众号文章的后面，等等。

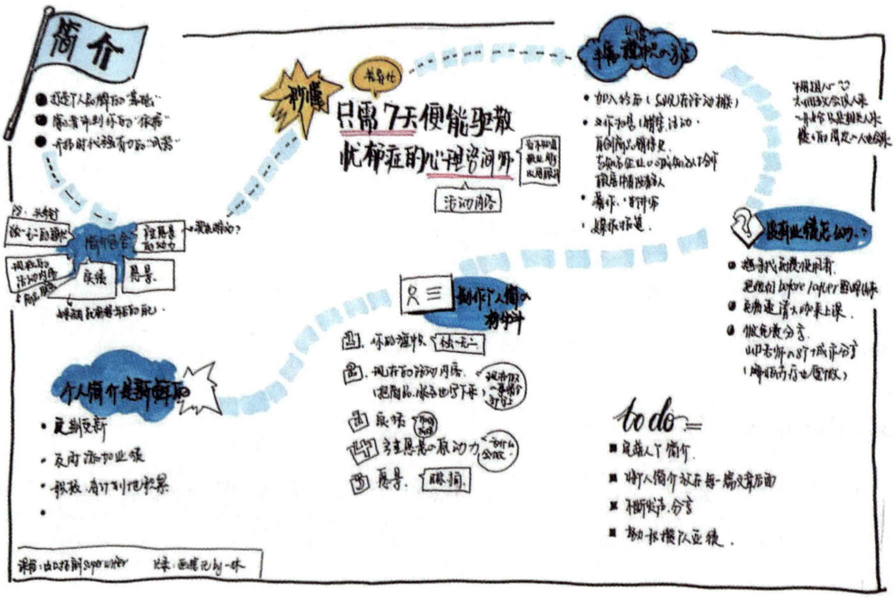

▲ Action，行动

A 也是 Administrative levels，信息层次

为什么传统笔记会让我们看起来比较吃力呢？一个很大原因是传统的笔记都是“平面”的，所有的信息都是统一对待，没有归类，没有重点。视觉笔记在记录的时候却不一样，记录者在记录之初要搞清楚信息之间的“结构”和“重要程度”，并通过恰当的手法将比较重要的内容呈现，让读者先看到。

好的视觉笔记要让人一眼看到信息之间的关系，比如右面的这则笔记中，只要浏览一眼就可以了解到内容分成几个部分，每一部分的主要信息是什么，好的视觉笔记还要让人一眼就看到最重要的内容。就像嘈杂的广场中，大家一定会注意到最为醒目的广告屏幕一样。

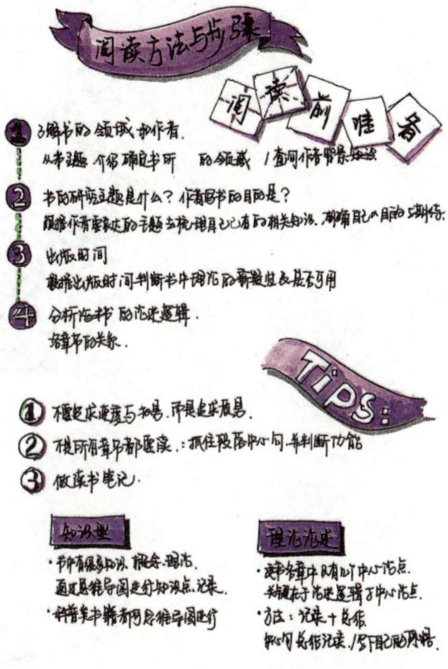

▲ Administrative levels，信息层次

B是Beauty，美感

这里的美感并不是指把图像画得漂亮。清代文康的《儿女英雄传》中说：“他生得落落大方，不似那羞手羞脚的小家气候”。这里的“落落大方”，指的就是人仪态上的“美感”，也是我们在视觉笔记中要追求的“美感”。

视觉笔记要如何做到落落大方呢？一个最简单的办法就是将要画的内容充满整个画面，像一朵盛开的鲜花，舒展开来，而不是在偌大一张纸上，蜷在一角。若是整个画面蜷在一角，难免会显得有些“小家气候”。一篇笔记的内容，尽量画到纸面的中央，不要出现画面不对称或者画得偏左或偏右。在大小上，尽量在留出天头、地脚的情况下，按照平衡版面要求去画内容。

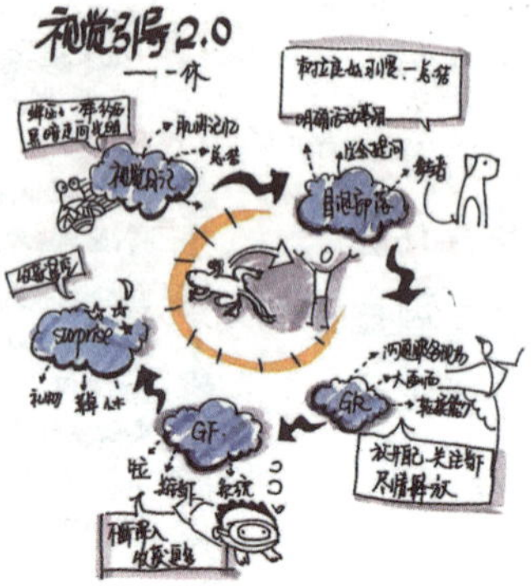

▲小家气候的视觉笔记

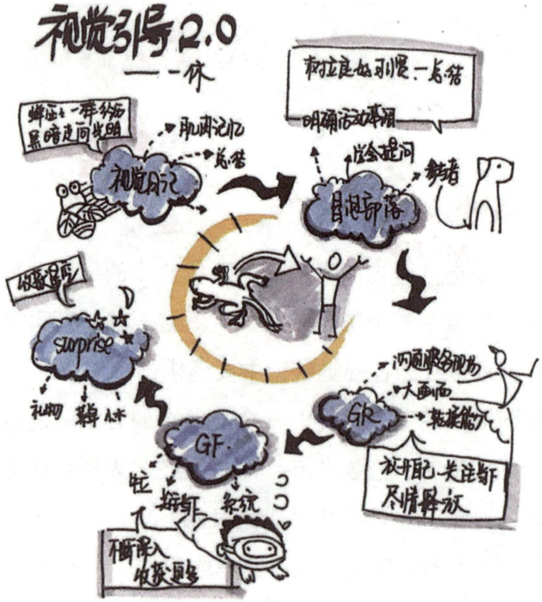

▲落落大方的视觉笔记

B 也是 Blank-leaving，留白

苏静在《知日》里这样写道：“我常常在日本的设计或是艺术里，看到许多‘留白’的空间、画面或文字，因为有形无形的留白空间，而多了喘息与想象的美感。”留白是什么？留白并不是“空”，而是一个负空间的存在。就如空气中的氧气，平时不去在意它，但一旦失去它，就会使人喘不过气来。留白的作用也在于此，它会让整个画面的内容更加有呼吸感，也能给读者留下更多的想象空间。很多奢侈品的广告，就是通过过多的留白来体现产品的高级感，视觉笔记也可以采用同样的方法，尽量不要把画面塞得满满当当，适当对画面进行留白，让你的笔记会呼吸。

右图的笔记乍看起来非常丰满，但实际上，信息之间密度大，信息组之间以及整个构图的留白太少，在阅读时会非常吃力。

▲信息过满

正确的留白应是什么样子的呢？在画笔记时，除了忌把图片画得过于满之外，还要注意信息之间的间隔及每一模块信息之间的间隔。就“留白前”这张图的笔记来说，虽然是在飞机上的随意涂鸦，但是留白做得相对较差，笔记中记录了 3 种菌类的特点，笔记看上去很难一眼之间辨认清楚一共记录了几个内容，这就是由于留白不当造成的；而“留白后”这张图中，留白却做得恰到好处，还是同样的内容，笔记中的第一部分记录完成之后留了空隙再去进行第二部分的内容，这样从视觉上就能清晰辨认每一个菌类的特点，看起来相对比较轻松，信息也更加明确，这就是留白的作用。

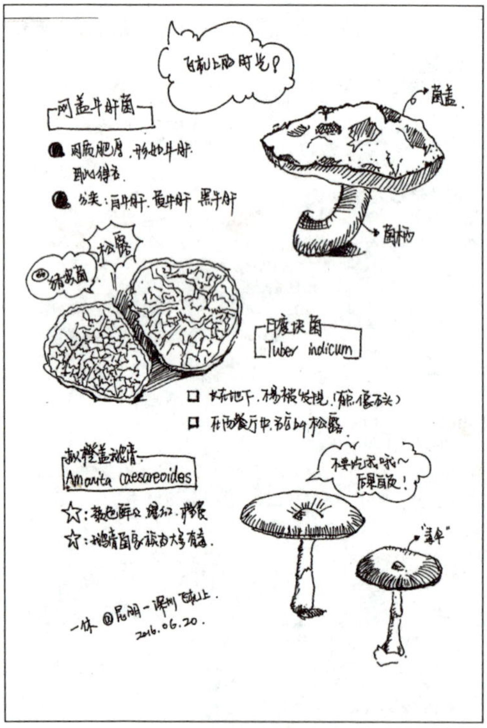

▲留白前

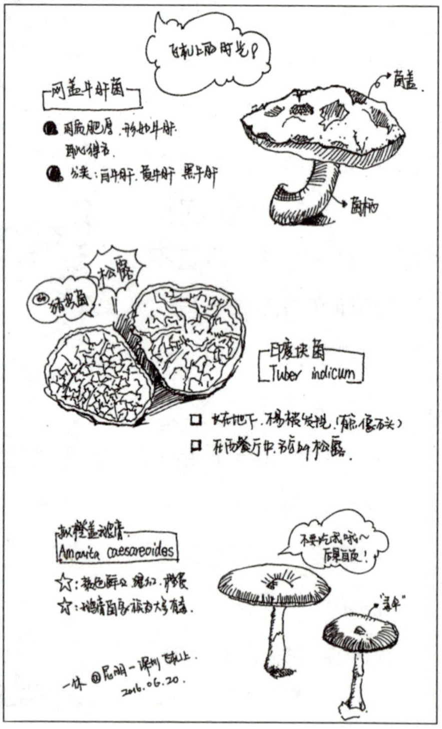

▲留白后

注意：留白与美感是一个互相平衡的过程，过多的留白会显得整个视觉笔记的画面空空荡荡；但留白过少又会使整个笔记“无法呼吸”。在平衡留白和美感两个部分时，可以遵循 80/20 原则，即整个画面中 80% 为内容，20% 为留白。

C 是 Clarity，清晰的视线流

曾经有学生跟我抱怨：自己画出来的视觉笔记被朋友说花花绿绿，不知道从何处看起。其实让人混乱的并不是信息的本身，而是在画的时候没有留意到“看图的顺序”，画图的顺序很重要，因为看图的对象是人。

视觉笔记最初的目的是为了更好地传达信息，如果为了表面的“视觉”而忽略了信息本身的秩序，就得不偿失。如何把握“信息的秩序”呢？

换位思考，想象一下别人在读到你的笔记时，眼睛有怎样的活动。阅读时，我们大多会保持从左向右、从上到下的习惯，所以在记录时，就要延续这种习惯。大多数的视觉笔记会从左上角开始记录，但在下图中，在记录时是从左下角开始记录，由于有一条紫色的线条作为指引，观察者在看图时依然会清晰地知道先看哪里再看哪里，这条从左下向右上的紫色曲线，就是引导观察者视线的曲线，在视觉笔记中，一定要制作出清晰的视线流。

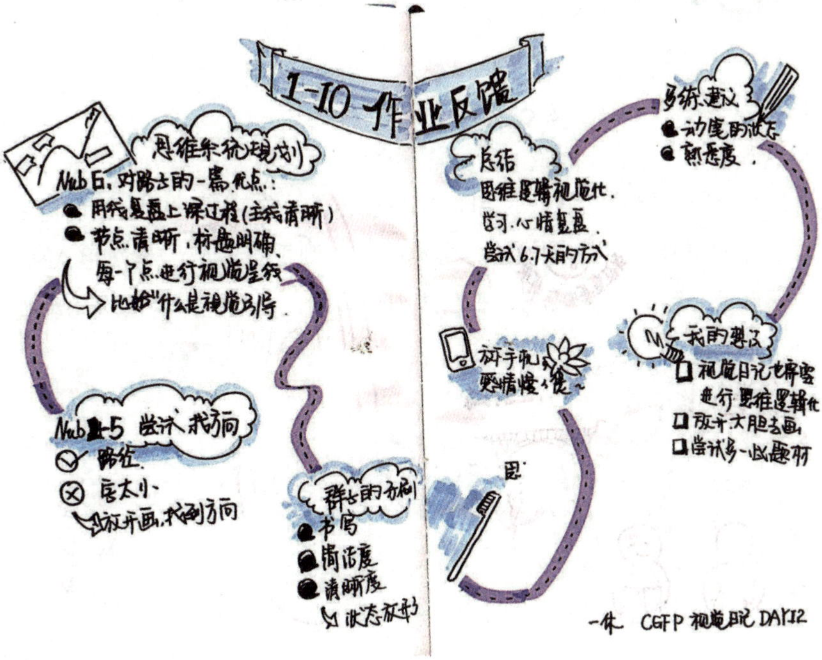

▲ Clarity，清晰的视线流

C 是 Comprehension，理解力

你画的图像别人都能够理解吗?

图像可以增强我们对信息的理解力，当我们遇到一些晦涩难懂的内容时，可以使用图像来助力理解；当我们有重要的信息要传达的时候，也可以增加图像作为辅助来突出我们的重点。通过图像来表达信息时，图像一定要精准，比如下图中，在表达“阅读”的时候，可以搭配与阅读主题相关的图像，如一本书或一个人正在读书等；但是不能画一朵花或者一株植物，这样无意义的示意是“为了视觉而视觉”，视觉笔记不是美化后的笔记。

▲ Comprehension，理解力

以上就是一则优秀视觉笔记的 ABC 法则。当然，在满足上述这些条件之前，认真书写、内容清晰是最为基本的。当你完成一则视觉笔记，不妨用 ABC 法则来检查一下自己的笔记是否达标。ABC 法则，可以让视觉笔记的层次体现地更加清晰。

3.2 视觉笔记的 3 个层次

初次见到视觉笔记的伙伴，经常会被它那丰富的色彩、有趣的图像所吸引，这些都是它的最外层——视觉层。视觉笔记就像一个洋葱，由外到内可以分为视觉层、结构层和逻辑层。

视觉层

视觉层是一篇视觉笔记的最外层，是一篇笔记的外在表现，像是人穿的衣服。视觉层主要包括视觉笔记的色彩、图像以及文字信息。

结构层

结构层，也可以理解为是承载信息的“容器”。不同的容器可以承载不一样的物品，比如菜肴一般放在盘子或者碗中，矿泉水一般都是装在适合手握的瓶子里。信息关系的不同，也会产生不一样的结构，即所谓的“构图”，我们要根据信息的不同选择不一样的“容器”。

逻辑层

如果说构图是选择“容器”，逻辑层就是解释“为什么选择这个容器”。

上述3个层次——视觉，结构和逻辑，提供了视觉笔记的基本框架，在每一个层次中，我们处理的问题有的抽象，有的具体。在最底层的信息归纳时，我们完全不用考虑图像要如何表达，如何上色，只关心如何更好地划分信息。在最顶层，我们只关心这篇笔记的重点在哪里。随着层次的上升，我们要的内容会一点点变得具体，并涉及越来越精细的细节。

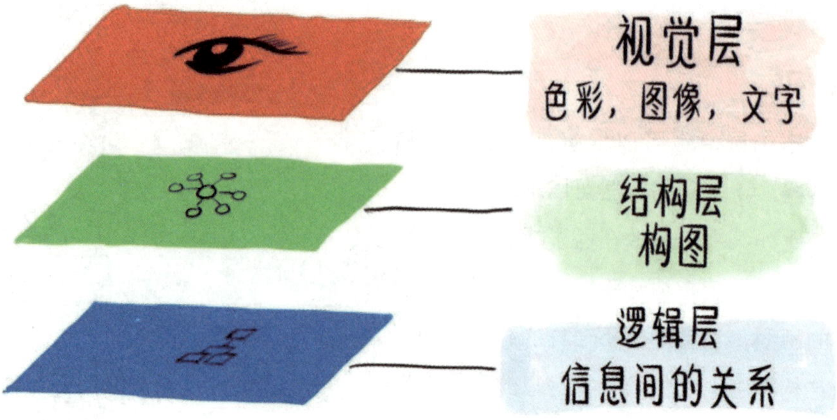

我们把视觉笔记划分成不同层次，是为了更好地完成一则视觉笔记，也可以更好地审视一则视觉笔记是否完整。比如，很多视觉笔记 er 会经常漏掉最底层的逻辑归纳的部分，这是因为：逻辑以及信息的输入是视觉笔记的“冰山底部”，读者在看一则视觉笔记的时候，是很难看到这部分信息的。

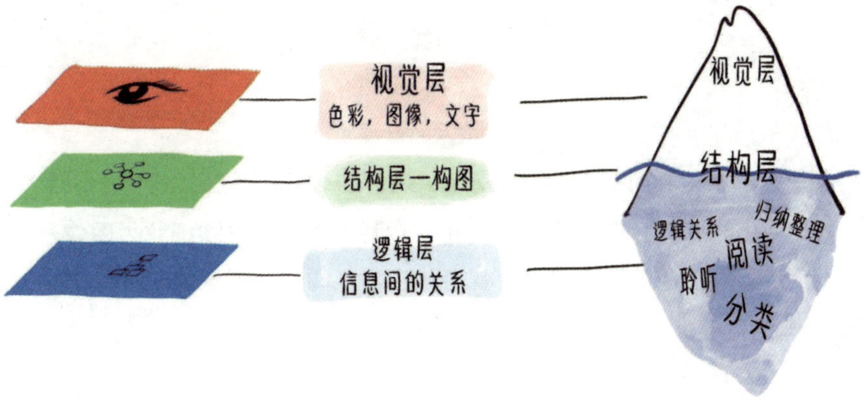

视觉笔记是将输入的内容进行归纳整理后视觉化输出的一种表达方式，不同于我们平时的线性笔记仅作为单纯的记录。在完成一则笔记的视觉化之前，我们要进行“冰山底部”的阅读、聆听，归纳信息、分析信息之间的逻辑关系等。在写字画画之前，一定要先经过对接收信息的加工处理，所以，视觉笔记不是画画！

3.3 视觉笔记的绘制流程

从视觉笔记的 3 个层次中可以看出，要完成一则视觉笔记必须经过归纳信息—构图—视觉化的过程。视觉化的部分在实际制作中可以继续细化为图像—文字—色彩三个步骤。结合前两个操作，就可以了解完成一篇视觉笔记要经历以下 5 个步骤。

Inductive data，归纳信息

在阅读或聆听的过程中，我们会接受大量的信息点，视觉笔记的第一步，是将接收到的零散的信息点整理成一个个整体的信息块。在本书的第 4 章，将详细讲述如何归纳组织信息。

Model selection，选择构图

视觉笔记的第二步，是将归纳总结的信息按照它们之间的结构组织起来，形成一幅信息地图。地图的样式应根据信息块的结构不同而呈现不一样的样貌。本书第 5 章，将介绍一些常用的构图，以及如何使用这些构图。

Add text，添加文字

视觉笔记从这一步开始，就进入到“冰山之上”的视觉化部分。在前两个步骤，都是在草稿纸上整理信息；第三步，要将归纳整理好的信息写到正式的笔记本上。从一篇视觉笔记的标题开始，到二级标题以及正文，要呈现出信息之间的层级以及主次。本书第 6 章，将会告诉你一篇视觉笔记的“字”要如何写。

Graphic design，设计图像

视觉笔记的第四步是设计图像。一篇视觉笔记的重点信息，用图像呈现出来，使用图像来加深记忆，与人沟通展现重要的信息。本书第 7 章，将讲述如何将文字“翻译”成图像的方法，并告诉你如何更快更好的呈现图像的方法。

Emphasize points，强调重点

视觉笔记的第五步，是通过上色将主要信息强调出来，本书第 8 章将详细介绍视觉笔记中的色彩知识。

但是在实际的绘制过程中，不同步骤之间的界限可能没有那么明确。最常见的情形是，对视觉笔记熟练之后，你很难按照这一层层的结构来进行。随着对视觉笔记熟悉度的不断增强，这些步骤之间的界限会越来越模糊，但是这并不妨碍初学者根据它一步步学会视觉笔记。这就像武侠小说中的招式，所有招式学成之后，剑客完全可以创造出属于自己的招式。

在接下来的各章节中，将为大家详细讲述 IMAGE 五步法中每一模块的内容。

1 怎样才算是好的视觉笔记？

满足画笔记的 ABC 法则：
A 是 Action，视觉笔记中必须有可以让我们产生行动的行动准则；
A 也是 Administrative levels，信息层级，要明确信息之间的关系；
B 是 Blank-leaving，可以让笔记有呼吸感的留白，同时也是 Beauty（美感）；
C 是 Clarity，清晰的视线流，也是能够让别人理解的 Comprehension。

2 视觉笔记的层次都是什么？

最外表的视觉层，包含了视觉笔记的图像，文字和色彩；
中间的结构层，是视觉笔记的构图；
底层的逻辑层，是视觉笔记信息之间的关系。

3 视觉笔记的五步骤是什么？

归纳信息—选择构图—添加文字—设计图像—强调重点。

视觉笔记除了表面上的文字、颜色、色彩之外，还有哪些非常重要的内容是我们所觉察不到的？

作业点评

在一则视觉笔记中，除了表面的文字图像色彩之外，还必须有其内在的逻辑性，即信息之间的关系。信息关系是视觉笔记构图的基础，除此之外，还要有输入，即读或者听的输入过程，并非简单地画画、写字。

基础篇

尝试在这里画出你的笔记吧！

方法篇

一学就会的IMAGE五步法

虽然前面

的章节中讲了很多元素的画法，但是想要自己独立画出一则视觉笔记好像还是很有难度。除了基本的视觉元素外，一则完整笔记还有哪些构成呢？有什么具体的方法步骤吗？在本篇，将会带大家一步步地完成属于自己的视觉笔记。

看招

image

第 4 章

Inductive data
——归纳信息

@image

“

画素描是从我们看不见的东西开始，而以看见的东西结束。

——埃乌琴·博巴

画素描是这样，画笔记也是如此。大多数人会在看到一则完整的视觉笔记时，会因为它丰富的色彩与图像而驻足欣赏，却很少有人去问，这张笔记是从哪里开始的。

在画笔记时，画面上有很多“看不见”的东西，这些“看不见”的东西就像是冰山的底部，隐藏在海平面之下不被人发现，它们就是常被大家忽略的“归纳整理”。别小看这个步骤，这是视觉笔记的第一步，也是常被大家忽略的一步。归纳整理就像是我们拍照，要找好主体物，选好角度，调整焦距，把最重要的物体以最合适的角度拍摄下来，一些无关紧要的花花草草都可以虚化。

”

4.1 没有整理过的信息都是无效信息

为什么要归纳整理信息？

DIKW 体系可以很好地为我们说明这一点。DIKW 的具体含义如下图。

在 DIKW 体系中，人们通过原始观察和筛选获得了数据，分析数据间的关系后获得信息，在行动上应用产生了知识，透过智者间的沟通及自我反省并利用知识产生了智慧。

我们看过的文章、读过的书、听过的课、参加过的分享，对于我们个人来说，都是原始的数据，虽然这些内容资料在文章书刊的作者、授课的老师那里都是宝贵的财富，但是在作为接收者的我们，如果这些内容资料未经过我们自己内在的消化，就是无意义的数据。

所以，没有整理过的信息就不会产生价值。如何将这些信息变得有意义，产生价值呢?

答案是归纳整理。归纳整理信息是完善知识、产生智慧的第一步。只有在对信息归纳整理后，我们才会产生自己的思考，才会洞见到信息之间的关系，才能形成可以指导我们行动的知识。

所以画笔记的过程，就是一个从数据到信息到知识到智慧的过程。我们要在无穷尽的信息中归纳整理出对我们有用的信息，继而将这些信息转化为我们所需要的东西。

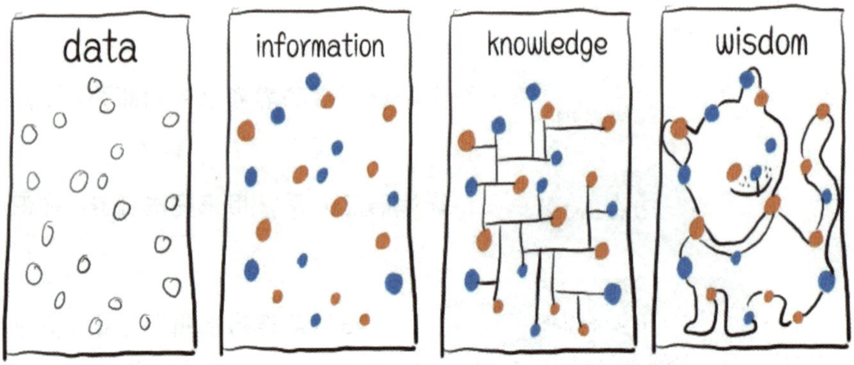

如何将无用的数据转化为有用的信息呢? 我们要学会在无穷尽的信息中提取到关键信息。

4.2 快速获取重点信息的 4 种技巧

DIKW 的第一步，就是将数据整理成信息。

何为整理？整理就是扔掉不需要的东西。

在视觉笔记的课堂里，我曾以为“画”是最难的部分。在我与学员的交流过程中，意外发现很多伙伴之所以无法开始画笔记，很大原因是不知道该如何整理信息，总觉得哪里都重要，不知道哪些该舍弃，哪些该保留下来。本文介绍几个小技巧，帮助初学者快速提取有效信息。

技巧 1：善用目录

对于读书来说，目录是一本书的精华所在，如果说想要精准概括出某一本书的内容，看目录再合适不过了，毫不夸张地说，目录是“扔”内容最多的部分。大到一本书的整体内容，小到每一章节的详细信息，目录都是对内容最为精准的概括，我们可以拿来直接使用。当然，如果对书有其他特别的理解，也可以使用自己整理后的信息。

可能你会问，要将目录的内容一字不漏地全部画下来吗？回到你画笔记的初心，你为什么要将这部分内容画笔记呢？书中哪些内容打动了你？哪些内容对你有帮助？

使用目录的方法同样适用于文章。从 2013 年微信公众号诞生以来，大家似乎习惯了看文章的方式——瞅一眼大标题，扫描一下二级标题，再看看加粗的文字，彩色文字，而这些，很有可能都是作者想要表达的重点。

在归纳信息时，目录可以直接拿来使用，书名是否也可以直接拿来直接使用呢？答案是并不是所有书都适合。有些书，尤其是国外的书籍引进到国内，为了考虑一些营销的效果，会将书名刻意翻译成一些吸引人的标题。如《Habit》，它是一本讲习惯的书，翻译后名字叫《我们为什么这样生活那样工作》；还有一些专业书，通常会使用专业名词来命名，如李中莹的《亲密关系》，讲的就是如何与伴侣相处，但是书名选择了较为生僻的“亲密关系”一词，我在读完这本书后对亲密关系这几个字没有很深的感触，于是归纳了自己的读书笔记题目——《如何与伴侣相处》。当遇到这种情况时，可以根据实际情况进行调整。画笔记是一个创造性的过程，大家可以根据笔记的实际情况进行设计，没有固定答案。

技巧 2：使用 governing

外资企业顾问习惯将文章开头总叙称为“governing”，比如当他想要表达的内容有三个重点的时候，会在文章或者讲稿的开头标明“重点有三个”，再继续展开具体的内容。“重点有三个”这个标明意图的句子就是“governing”。一般情况下，governing 跟出来的部分，往往是核心句或重点内容，这个部分就是我们要抓取的核心信息。

“governing”方法非常受欢迎，大家熟知的“stay hungry，stay foolish（求知若渴虚怀若谷）”，出自于乔布斯在斯坦福大学的演讲中，在这次只有 12 分钟的演讲中，就使用了“governing”这个技巧。

“我想与大家分享我人生中的3个故事”，开场的这句话就使用了“governing”，正因如此，这场演讲才变得简单易懂，才让人立刻知道他要表达的内容有哪些，是什么。

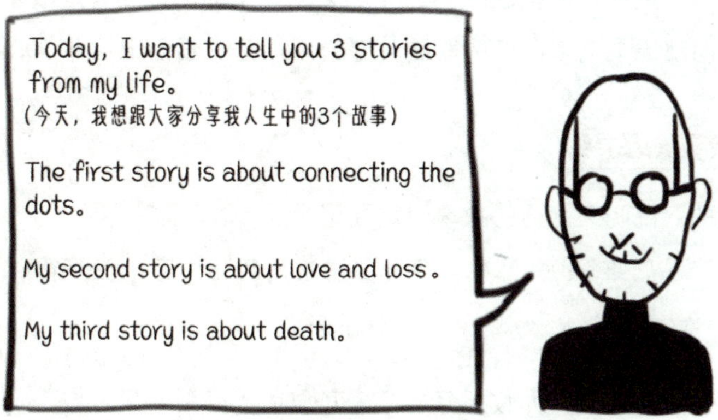

这种结构经常出现在以下场景：演讲、会议、书籍、文章、课程等，有"governing"出现的地方，经常是文章的关键信息，也是我们应该记录的信息。与"governing"相对应的是，一些熟练的演讲者，尤其是在课程中，有经验的老师会在课程结束时再次强调课程或者全文的重点，画笔记 er 也可以通过最后结束时的总结检查自己的记录内容是否有遗漏。

技巧 3：加粗文字

很多书或者文章里面，当遇到一些重点内容的时候，都会加粗或者使用其他颜色来标记文字，让人一眼就能看到，大家在记录时需格外注意。

技巧 4：有选择地记录故事 / 示例

几乎所有的学员都会有这个疑问：演讲或书中出现了很多例子，我要不要记录？故事那么长，怎么记录？我要一个不漏的都记录下来吗？

我的回答是：根据示例或故事本身在文中的结构，有取舍的记录。

有的书中，会用大量的示例来说明一件事，比如为了论证一个观点，作者会讲述很多实际情况来证明自己观点的正确性。在这种情况下，举的例子很多，它们的目的只有一个——说明作者的观点。此种情况下，示例就可以有选择的记录，因为示例本身并不是重点，示例背后说明的观点，引出的结论才是最为重要的。所以，这种类型的内容，挑选最能引起共鸣的 1 ~ 2 个记录即可；如果是故事，也不用把故事的所有画面都记录下来，只选取最关键的 1 ~ 2 个画面记录即可。

什么示例 / 故事该记录呢

贯穿全文的、说明关键词的故事一定要记录。

如梁宁《产品思维 30 讲》中，有一课讲述角色化生存，在开篇时用了寄居蟹的故事：

“我养了五只寄居蟹，并按照每一只寄居蟹的壳分别起了名字，但是后来我发现，我养了它们这么久，我却不认识这几只寄居蟹，我只认识它们的壳。比如有一个白壳的寄居蟹死了，壳就在缸里，过几天我发现，这个壳又在缸里四处活动，原来是其他的寄居蟹钻进了这个壳，继续生活下去……

这就像是皇帝死了，很快又有人穿上龙袍，坐在龙椅上，继续当皇帝。皇帝由谁来当并不重要，我不认识这个人，只认识这个角色。”

以上的示例中，寄居蟹就是一个必须要呈现的画面，角色化是一个相对比较难理解的词汇，但是通过寄居蟹的说明，我们对角色化的认知就瞬间明了起来。寄居蟹的例子，将比较复杂难懂的词汇与生活联系，产生大家熟悉的画面感，使人很容易理解角色化这个概念。这种引导整个内容的关键示例，是需要进行记录的，“寄居蟹”“角色化”就是需要突出的内容。在视觉笔记中，这部分信息需要强化，如下图所示。

以上，就是做视觉笔记时候经常使用到的抓取关键信息的方法。

那么抓取到重点信息后，如何在笔记中呈现出来呢？

4.3 画出信息间的关系，就用这 5 种结构

抓取到关键信息之后，就要开始归纳整理信息。信息之间的关系，不外乎以下几种。

相互独立的分组结构

分组结构是最为常见的分类方式。很多时候，我们看到的或听到的内容之间相互都是独立的，各自成组，相互之间没有很强的逻辑关系，如在《产品思维 30 讲》中，讲道：“互联网用户分成大明、笨笨和小闲三种，这三者之间就是相互独立的，既没有包含也没有递进。”在记录时，根据三者属性不同对内容进行归类即可，如下面右图所示。

如果希望看起来更加清晰，可以考虑添加分组符号，如 1、2、3 或者 ABC 等；用于分组的框架也可以替换成圆形或者其他形状，形状之间的组合可以是水平式或者垂直式。

强调构成的总分式结构

在一些信息分类中，如果想表现“某一内容分成几部分”或“影响 ×× 的因素有”时，可以尝试采用“总分”结构呈现信息。如影响记忆的因素有：关联度、重复、睡眠、关注度以及情绪，如下图所示。

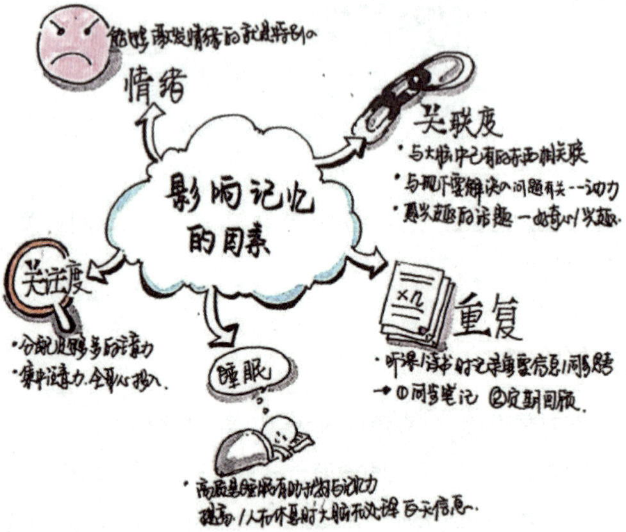

表示时间的流程式结构

如果归纳整理的信息之间存在时间上的先后顺序，可以采用流程式。一般而言，这种类型的信息都是第一步操作之后进行第二步，步骤与步骤之间讲究先后顺序，在呈现时多数会是线性，这里的“线性”不单单指直线，也可以是曲线。

以李学凌《羊和狼》的互联网用户画像为例：

“如果有一片草地，我就在我的草地上养羊，所以我要先有第一只羊；如果这一只羊能够在我的草地上活下来，玩得很好，那我的草地就是没有问题的，我就可以引入更多的羊；羊多了，你就会发现，头羊才是关键的，为什么呢？因为一只羊可以管一大群羊，你就不用管了，那些小羊就不用管了，头羊都会管，只要有头羊，羊群就可以聚集；羊多了自然就会有狼，狼多了，我就把羊圈起来，然后向狼收费。”

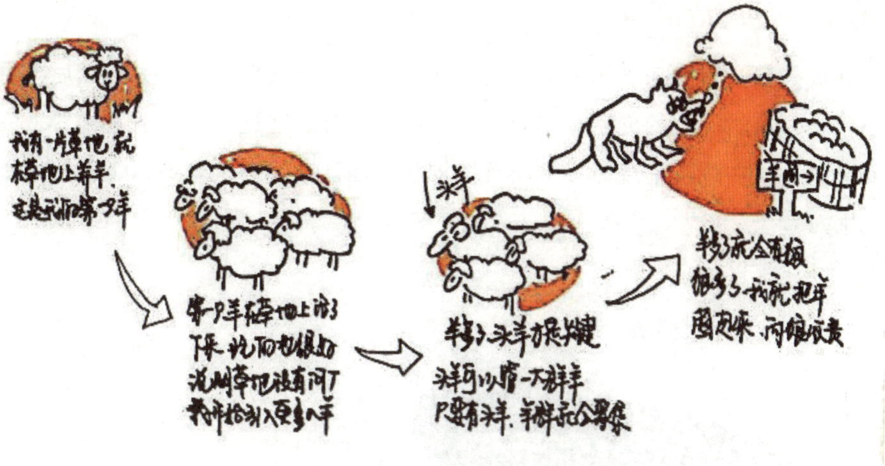

以上的示例，使用的就是流程式：先有第一只羊，再慢慢地有羊群，有了羊群才能产生头羊。这个过程产生的信息之间的关系，就是一个流程化的，可以使用流程式来表示，流程式在表示时多伴有箭头。

信息差用对比结构

输入的信息中明确的对比事物 A 和 B，通常会根据使用纸张进行左右或者上下直接对比呈现，比如左右脑的差异性。

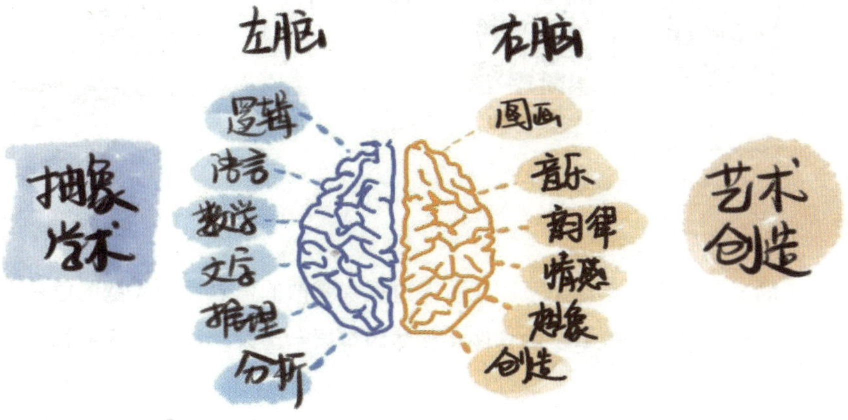

层级分明用递进结构

递进关系一般用来表示内容上的逐层深入。流程式是第一步完成之后再进行下一步，只有时间上的先后，内容上没有高低区分。递进关系一般在内容上会有层级的区别，在外在呈现时多会出现阶梯状，如马斯洛需求理论以及上文中提到的 DIKW 模型。

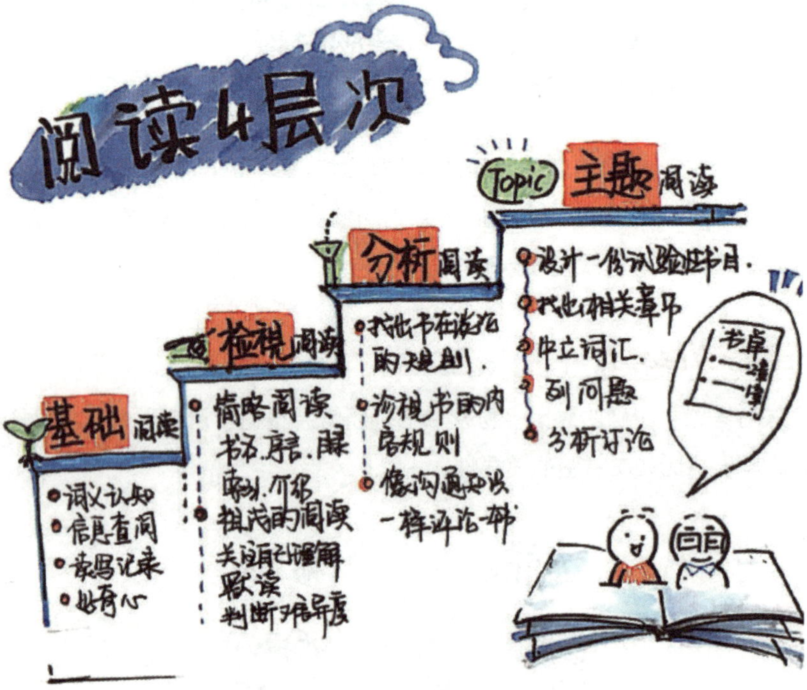

以上的这些关系，可以用于组织输入过程中零散的信息点。零散的信息点归纳完成之后，就可以用视觉笔记的构图将整体内容展示出来。视觉笔记的构图如下图所示。

画笔记

常见的信息结构

结构	说明	图示
分组结构	信息之间相互独立，各自成组	
构成结构	某一信息分成几个部分或xx有几部分构成	
时间结构	信息之间存在时间的先后或有明确的流程步骤	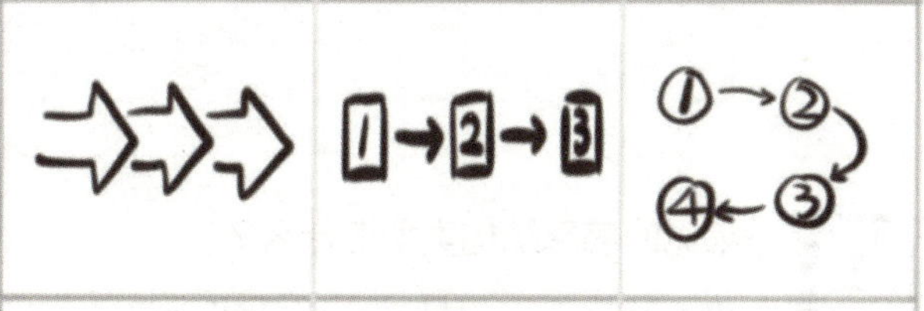
递进结构	信息之间层层深入	
对比结构	信息之间相互对比体现出差异化	
固定结构		

1 什么信息称为“无效信息”？

没有整理过的信息都是无效信息。

2 有效提取信息的 4 种方法都有哪些？

善用目录；使用 governing；加粗文字；有选择地记录示例。

3 常见的信息结构类型指什么？

相互独立的分组结构；强调构成的总分式结构；表示时间的流程结构；信息差异时用对比结构；层级分明时使用递进结构。

请将以下几个内容与其对应的结构连线。

IMAGE 五步法	对比结构
有效提取信息的 4 种方法	递进结构
男女生在购物时候的不同点对比	时间结构
从菜鸟到大师的五个层面	构成结构
聪明投资者必须具备的三个条件	分组结构

作业点评

IMAGE 五步法	对比结构
有效提取信息的 4 种方法	递进结构
男女生在购物时候的不同点对比	时间结构
从菜鸟到大师的五个层面	构成结构
聪明投资者必须具备的三个条件	分组结构

第 5 章

Model selection
——选择构图

@image

“

构图是一个从自然存在的混乱事物中找出秩序的思维过程。

——本·克莱门茨

构图是一个组织过程，它把大量散乱的信息点组织成一个整体；构图是对信息关系的反映过程，也是想方设法组织这些信息的过程，目的是让这些信息更加清晰地被传达。

学习画笔记和学习绘画不尽相同。学习绘画的人在学习素描、画法和画面设计的同时就在学习构图；而画笔记的人则首先要把注意力集中在信息的组织上，只有在准确理解信息之间的关系，明确信息之间结构的基础上再来考虑构图问题。

正确的构图方法是什么呢？常用的构图有哪些呢？有没有能即刻上手的模版呢？在这一章，我将给大家分享关于构图的一些内容。

”

5.1 不会做版式？直接套用这 5 类构图

造型艺术中的“构图”一词，来源于拉丁文的“Composition”，其含义是指在画面内对造型素材进行取舍、组织、安排、建构，表现素材的联系及其结构法则等。

为什么一篇视觉笔记的开始是先去构图而不是先写字呢？

这个过程就像理发，理发并不是从发型师拿起剪刀开始的，而是从发型师跟你沟通想要什么样的发型开始的。理发的第一步，发型师要在心中想象出你理发之后的样子，然后开始真正的剪发。

画笔记也是如此，完成一篇完美的笔记，在没起笔前一定要对整体的内容进行编排，编排的过程就是我们所说的构图。这个过程并不需要多详细，只是一个粗略的框架即可，初学者可以先用铅笔在本子上勾勒出来大概的样子。读到这里你可能觉得有些困难，我该怎么勾勒呢？有什么方法吗？下面给出视觉笔记中几类常见的构图方式：

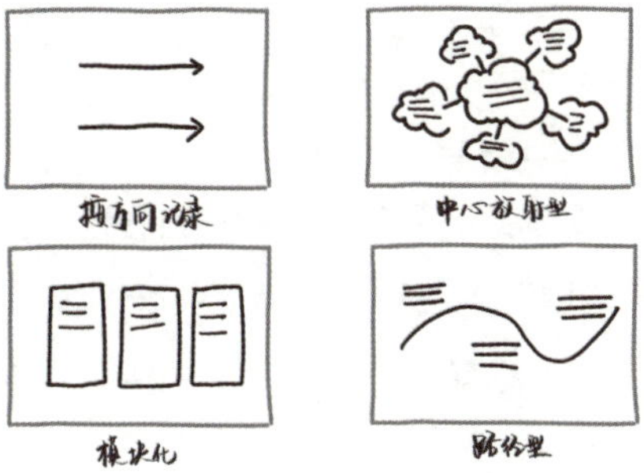

构图类型 1：按照方向记录

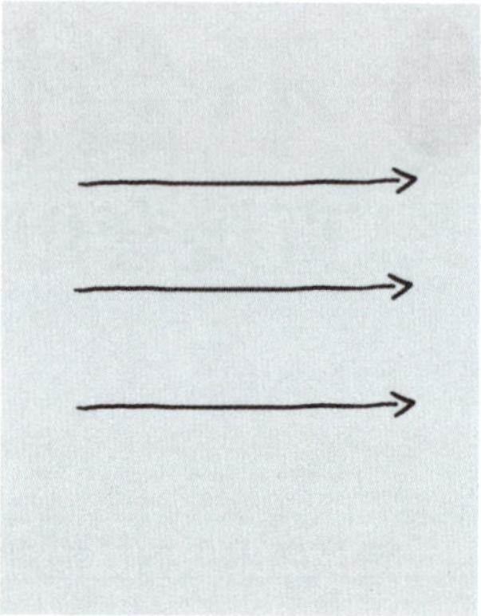

特点：

从上到下，或从左到右；

按照输入的顺序依次呈现信息。

优点：最常见，不易出错；

缺点：乍看起来“没有构图”；

适合：即时型信息记录；

案例：读书笔记《李中莹如何与伴侣相处》。

使用按照方向进行记录的构图技巧：

① 可以根据纸张或者作品最终展示平台选择从左到右还是自上而下，如下页两张图中的内容为手机平台展示，则可以使用自上而下的长图模式；

② 注意信息错落有致的呈现，尽量避免传统笔记的横平竖直。

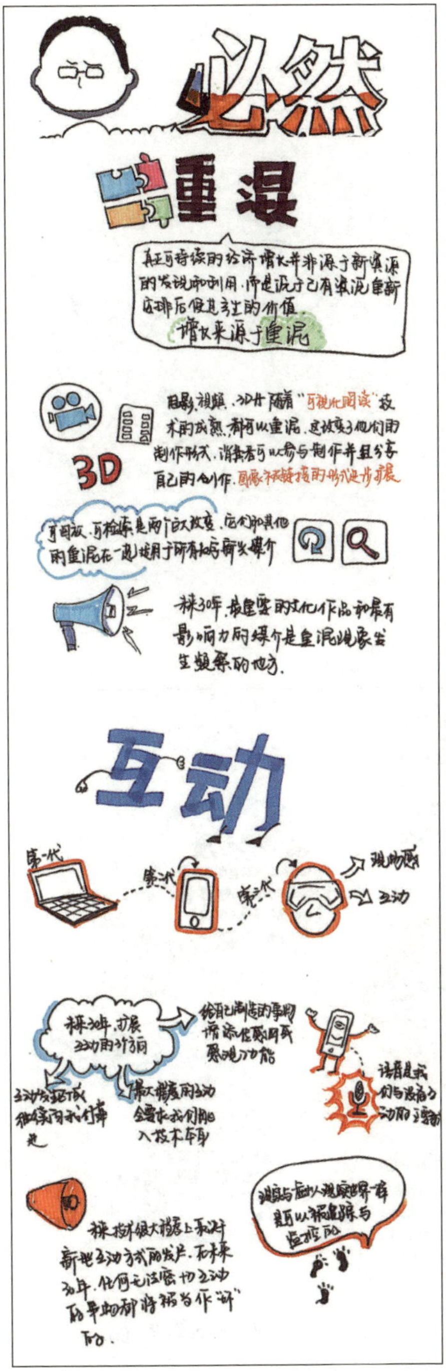
必然
重混
3D
互动
第一代
第二代
第三代

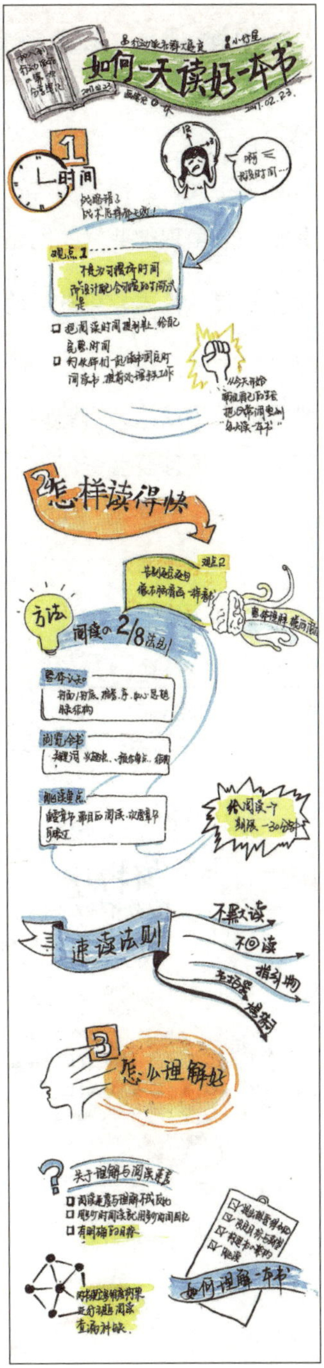
如何一天读好一本书
时间
怎样读得快
速读法则
怎么理解好
如何理解一本书

构图类型 2：中心放射形

特点：

标题在中间，其他的内容在周围，

重点在于呈现彼此间的网络关系。

优点：灵活性大，可进行随意变形；

适合：

非即时型记录：分组结构，总分结构；

案例：某项目复盘笔记。

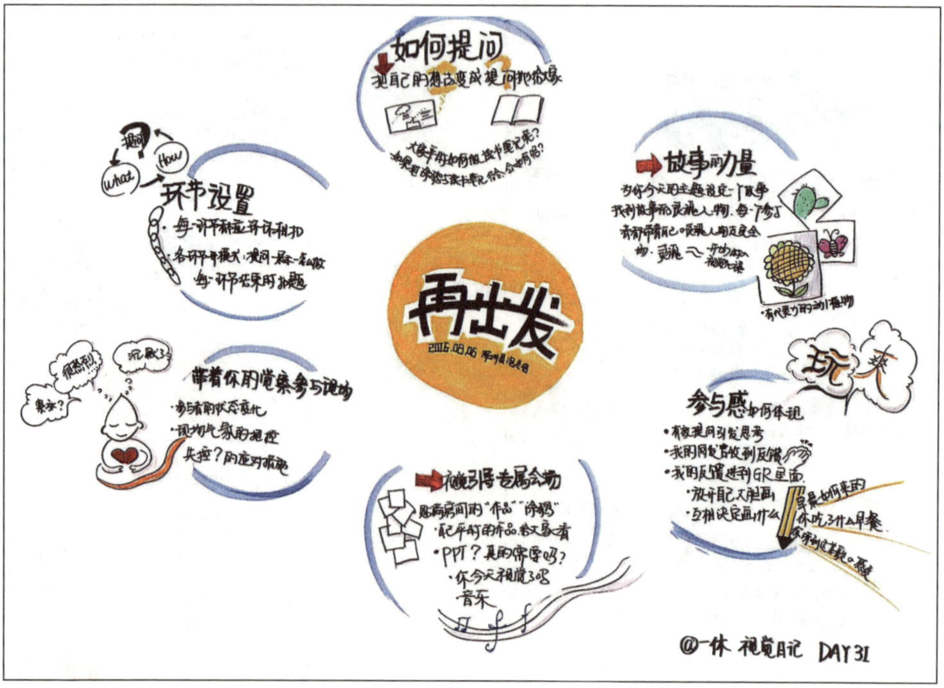

中心放射形构图变形应用技巧：

① 可以将构图进行变形，如：删除放射式的线条，只留有内容，如右图；

② 使用构图的一半，或将中心主题词放在顶部或侧边；

③ 将内容形成循环：如下图。

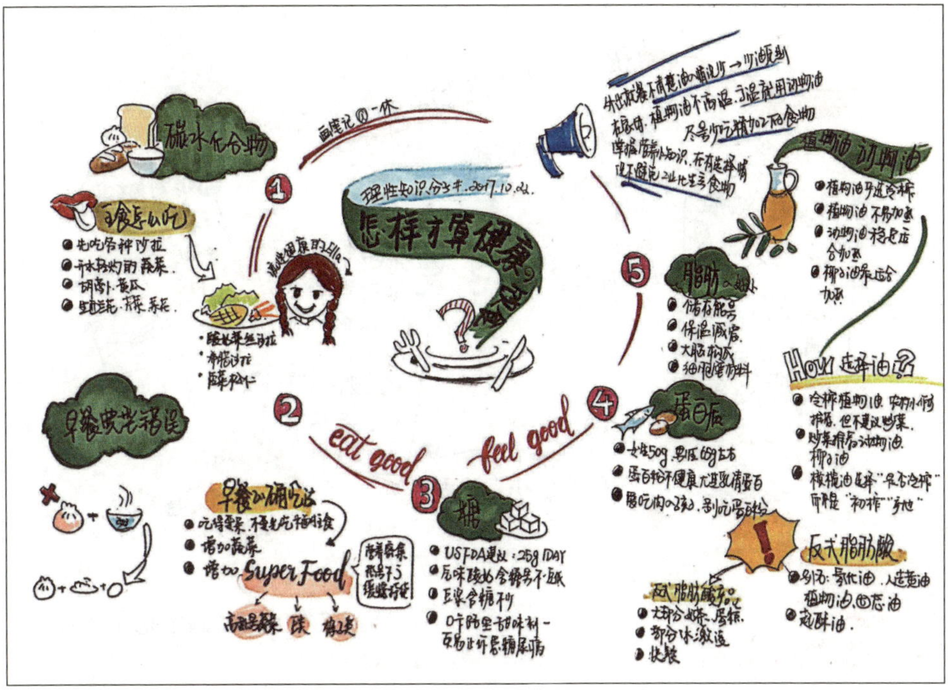

构图类型 3：模块化构图

特点：

画面由形状大小不一的块状构成，
各个板块之间的比例由内容多少决定。
外观像 Windows 8 系统一样，
板块化明显，延展性强。

优点：

灵活性强，可以根据内容的多少不断增加模块数量；

适合：

信息间逻辑关系不强的内容，分组结合。

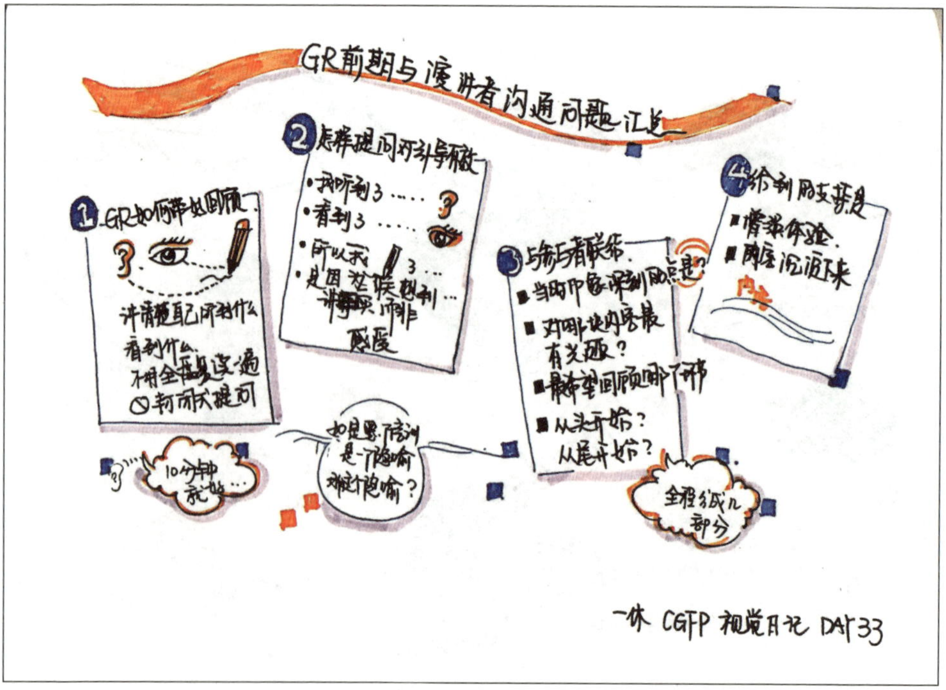

哪些时间宝宝会胎动
认真的观察了一下宝宝的胎动时间，做了如下整理：
1 睡觉前.
晚上躺下的时候，经常会跟臣臣聊天，这时候他最欢腾，一会在左边，一会又去右边～.
2 吃饭时
有时候吃饭的时候也很动，我经常想他是不是饿了～.
3 洗澡时
我洗澡的时候，很少感觉他动，但姐妹们却是这样
4 对着肚子讲话
对着肚子说话，特别是把手放上，他都开心～.
5 音乐
播放音乐有2种效果：要是在她胎动的时候播放音乐，她会变得安静；但要是在她没有动的时候播放音乐，她反而会跟着动起来，想要知道她是不是在跳舞
177

构图类型 4：路径型构图

特点：有一条明确的“线”（有形或无形）串起来所有内容，引导视线流动；

优点：视线清晰；

适合：

即时型和非即时型均可使用，尤其适合强调时间顺序或须有明确阅读顺序的内容；

案例：视觉同传《最佳意图与目标》。

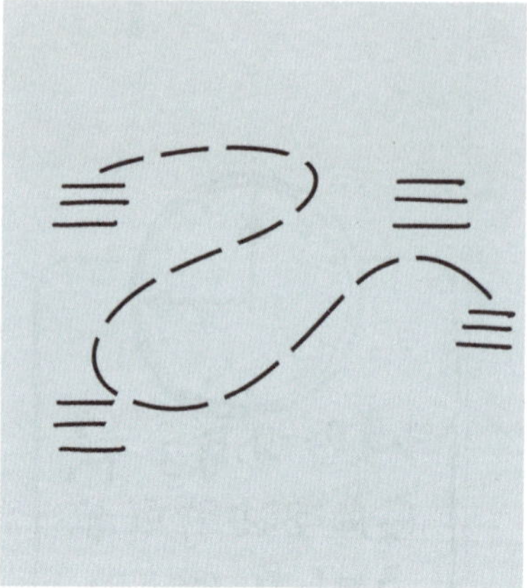

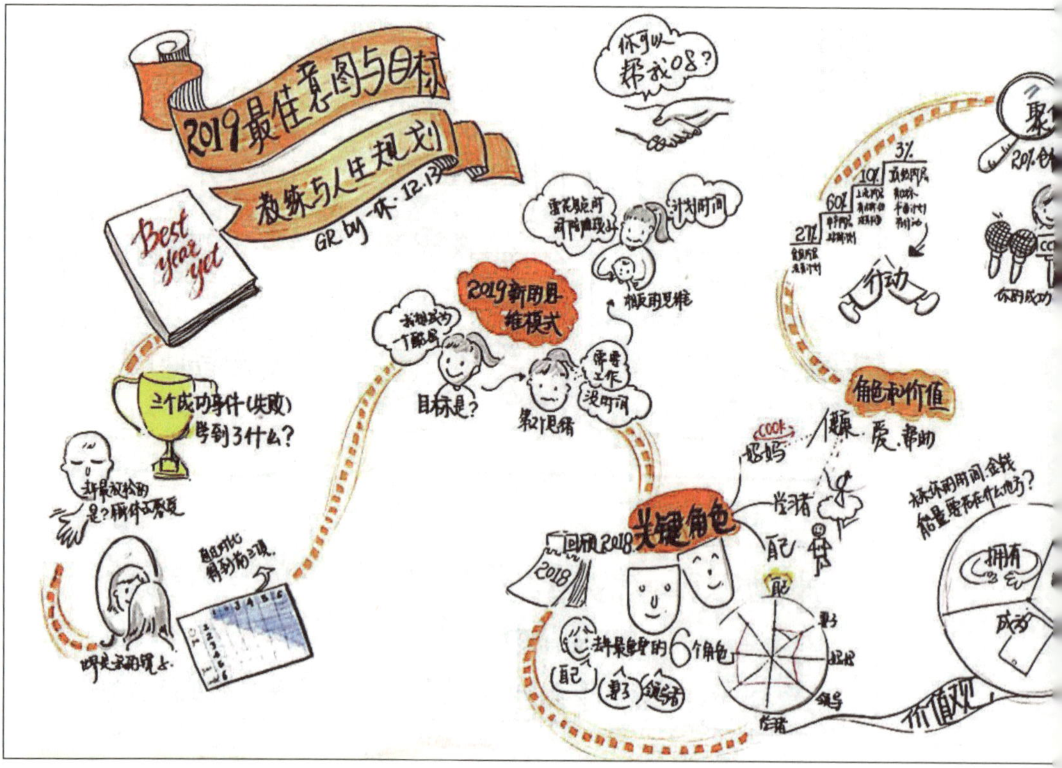

路径型构图使用技巧：

路径的形状由内容决定，很多小伙伴会先画出路径再加入文字信息，非即时型记录可以这样进行；在即时型信息记录时，不建议进行此操作。

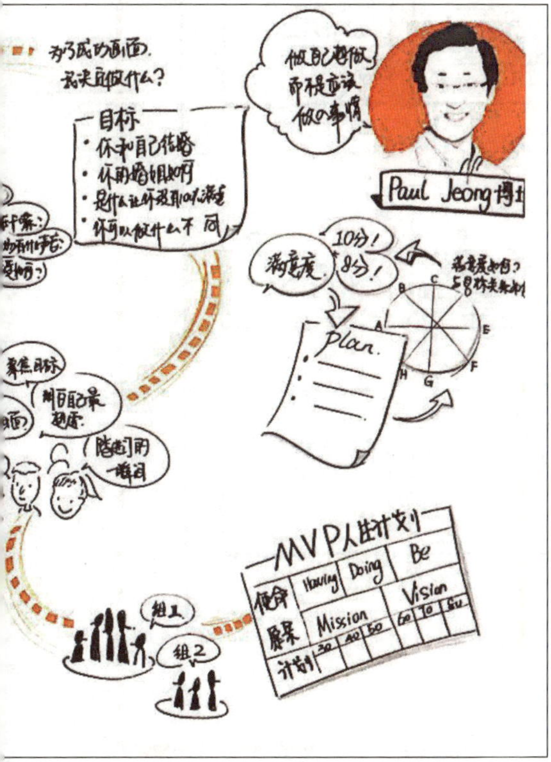

画笔记

视觉笔记常用构图

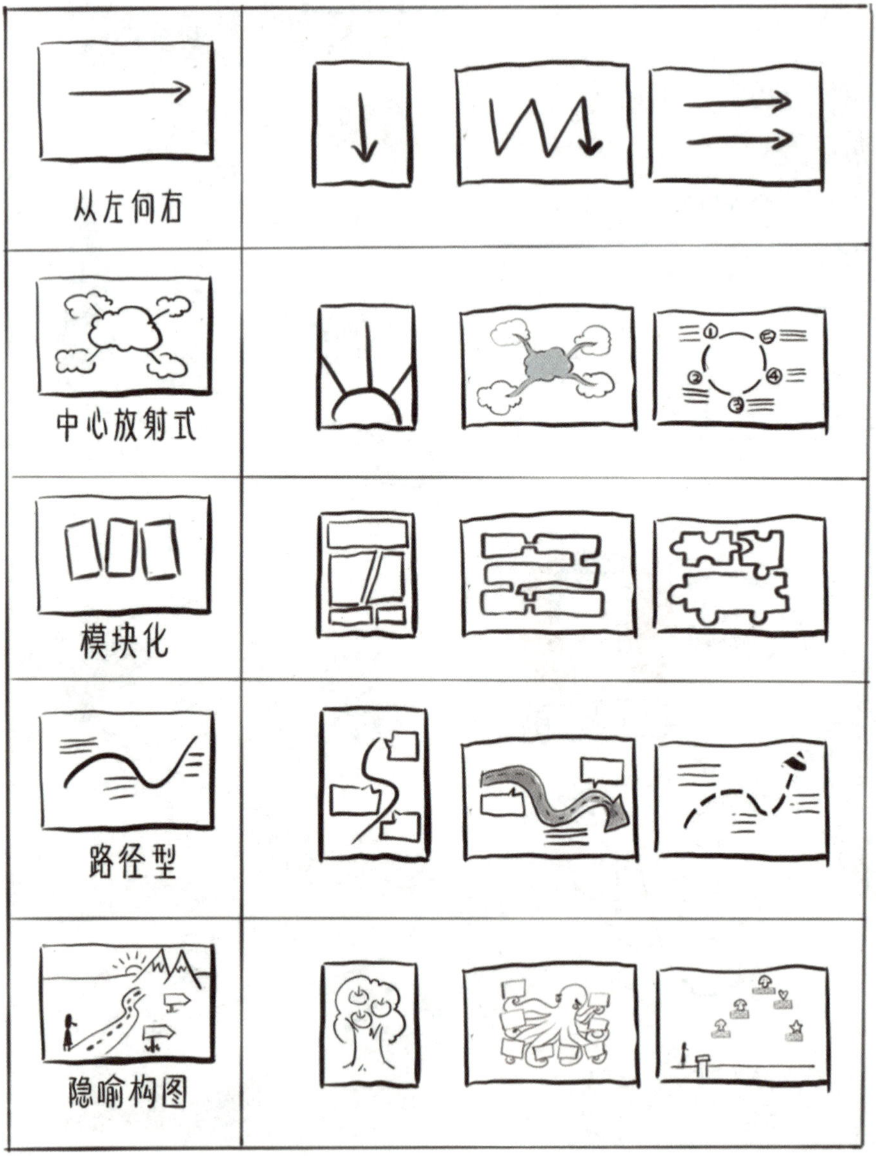

5.2 如何驾驭千变万化的构图

曾有伙伴提问说:

“我从老师这里学习到了很多框架，也觉得这些构图都非常好，但是我想把它们套进我的内容时，却发现根本装不进去……”

“摩天大楼之爹”路易斯沙文有一句名言叫作“形式追随功能”。意思是说“所有的艺术表现都必须围绕着功能来做形式，设计要追求功能，一切都要以实用为主”。这句话在画笔记中同样适用，更准确一点，即“形式追随内容”。视觉笔记的每一个构图都有其特点，形式是为了更好地展现内容，而不仅仅是一个容器。

如何理解并做到“形式追随内容”呢？接下来会以课堂学员 lisa 的作品《快手华夫饼》制作为例，来说明这一点。

在上图中，使用了模块化的构图来表达整个华夫饼的制作流程，“模块化构图”就是“形式”，“具体的制作方法”可以理解为“内容”。这样的表达是否合适呢？或者说，是否还有更清晰的表达方式呢？

就这个问题，我跟 lisa 有如下的对话：

T：为什么使用这个构图呢？

L：觉得大体上分成了三个过程：备料——材料加工——烘焙，模块化会比较清晰。

T：在这篇内容的关系中，最想表达的是什么？

华夫饼的制作过程，它是怎么制作出来的。

嗯，过程的话，可以使用我们讲到的什么关系？

L：流程关系。

T：——对的，大关系上是流程的。

L：可是我还有材料的部分怎么办？

T：嗯，如果把材料作为这个环节的一个步骤呢？

L：嗯，可以作为制作流程的第一步。

T：还有一种处理方法：

把要记录的内容划分为2个部分：准备材料和流程。

L：嗯，我再重新试一下。

在这段对话中，伙伴们可以梳理出一篇视觉笔记的正确顺序，这个顺序就是我们在第 4 章和第 5 章讲到的内容。

华夫饼的制作步骤，是一个完整的流程，每个步骤之间就是一个小的信息点，信息和信息之间可以采用信息关系中的流程式，整个过程是一个流线式的，选用路径型比较合适。

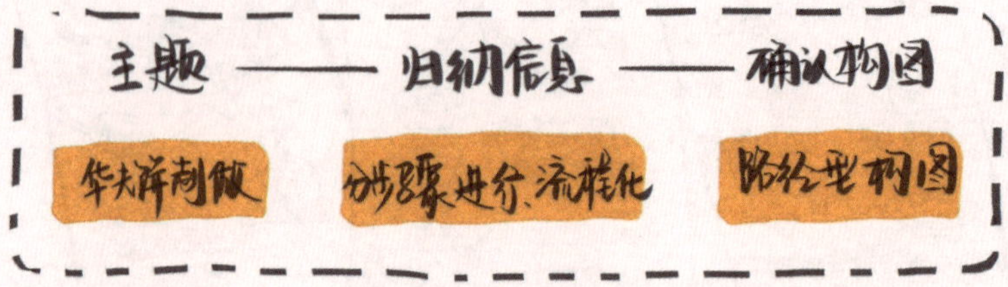

整理后的笔记看起来清晰了许多，整个过程以一条路径串联，华夫饼的制作过程也一目了然，细节部分可适当放大处理。

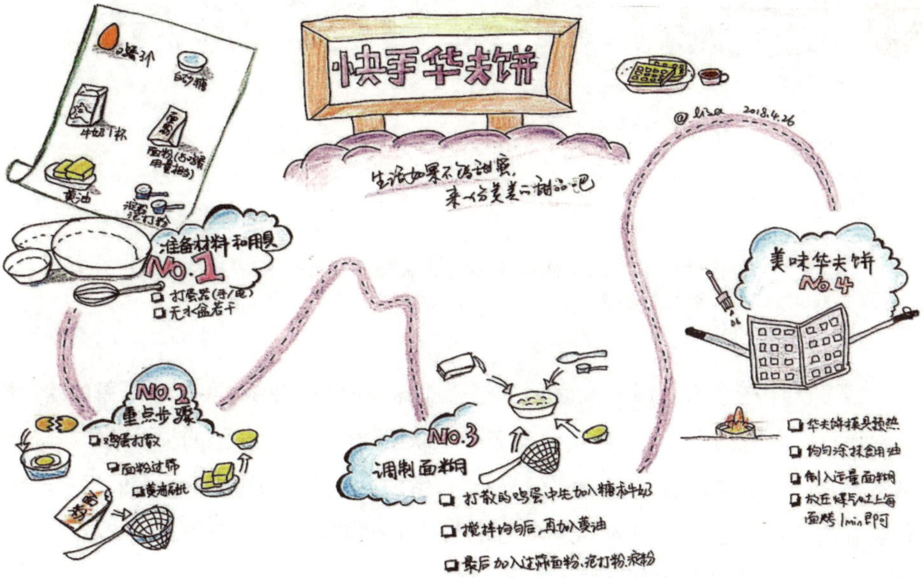

使用构图将信息组合起来，是为了更好地帮助自己或引导读者更透彻地了解信息本身的逻辑，而不是一味追求“视觉化”。正确的构图首先要符合信息本身的逻辑，千万不能“为了构图而构图”。就好比我们选衣服，首先要了解自己的身材，了解自己所适合的类型，而不是在商场里看到一条好看的裙子，不管合适与否，就把自己塞进裙子里。

5.3 总觉得构图没创意？——使用隐喻

所谓“隐喻”，指的就是用一件东西代替另一件东西，用一个符号表示一种与之完全无关的情绪，比如说用太阳代表热情，用花朵代表爱。

——梁文道

很多伙伴在学习一段时间之后会经常觉得自己的笔记“缺少创意”。“创意”虽然不是一则视觉笔记的关键，但是具有创意的东西往往会吸引人的注意力，这一小节将介绍如何让自己的视觉笔记看起来“与众不同”的法器——隐喻。

隐喻（Metaphor），源于希腊语，说起隐喻，我们大多时候会先想到文学，但隐喻绝不是文学的专利，从我们习以为常的日常生活语言，到严肃的公共政治言论，再到被认为最客观精准的数学与科学，都离不开隐喻。

乔治·莱考夫仔在《我们赖以生存的隐喻》中说的，隐喻不仅是一种修辞手段，而且是一种认知手段和思维方式。隐喻的本质就是通过另一种事物来理解和体验当前的事物。根据他的观点，隐喻是一种以抽象的意象图式为基础的映射，即从一个比较熟悉的、抽象的、易于理解的始源域，映射到一个不太熟悉的、抽象的、较难理解的目标域。通过映射，人们用自己熟悉的认知域来认识不熟悉的认知域，以达到对客观世界的认识。

我们生活中到处都充满着隐喻：许多的惯用语、成语、格言、谚语、歇后语甚至是俗语，在不断的时代和环境变化下，逐渐形成了一些固定的隐喻意义。比如“白骨精”通常指的是白领骨干精英，很聪明很能干的人；比如“怀才就像怀孕，时间久了才能看出来”等等；

在视觉笔记构图中使用隐喻，要如何做呢？

隐喻构图就像是给自己的视觉笔记讲故事，要用一个“画面”来呈现故事内容。先来看一下画笔记学堂伙伴们的作品。

小妖用一段旅程形容自己的学习过程：

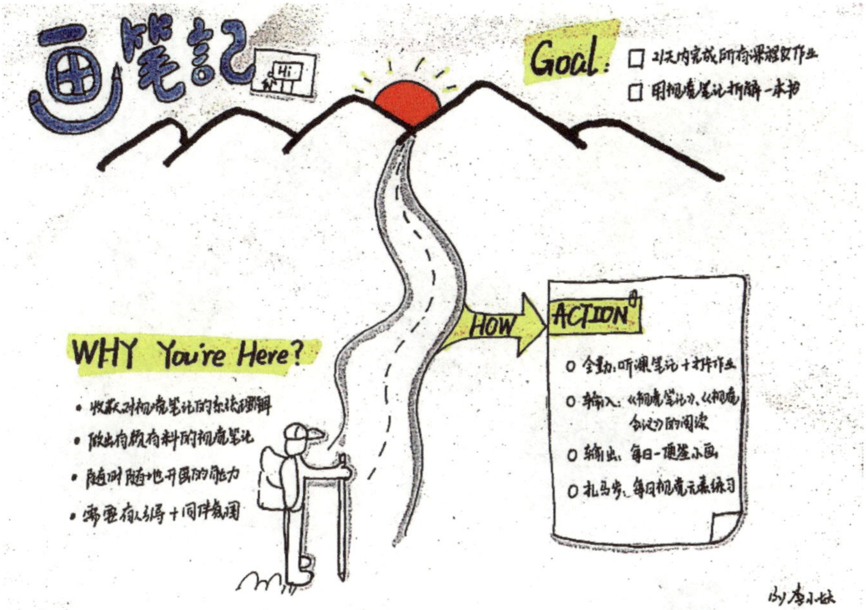

喵呜描绘下雪天的故事的时候构图直接使用了雪花的形状：

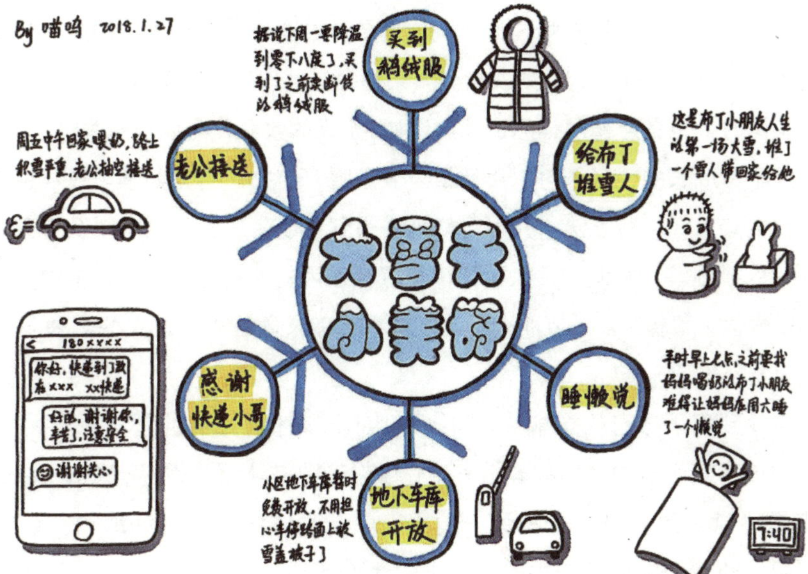

雪梨在制定 2018 年计划的时候直接使用了游戏“闯关”的概念，来隐喻自己新一年要不断突破：

不难看出，想要使用隐喻，最重要的是要通过联想，将要表达的内容与现实生活中的实际物体联系在一起。如爱情，大家都会想到玫瑰花，幸运就会想到四叶草。

在构图时，也是遵循同样的道理。比如 21 天的收获，可以理解为这 21 天过程中自己是不断成长的，成长可以用什么来表示呢？植物！再比如学习过程也会像旅程一样，要有目标，有方法，并尽可能地去想到可能会遇到的困难以及自己面对困难会采取的措施等。喵呜的《大雪天小美好》运用的非常巧妙，它是将雪的形状作为构图来表达“下雪”。《2018 年心愿》更是有深意，将游戏中的闯关与愿望中的实际目标结合到一起。

如何找到属于自己的隐喻？ A. I. Richards 著作《修辞的哲学》一书中指出，隐喻的组成有三个部分：①喻体(tenor)，指作者欲描述之主题；②喻依(vehicle)，指用来描述意义的凭借；③喻词，指用来联结喻体和喻依的补助词。运用到视觉笔记中，即我们需要明确主题，把主题比作什么，以及明确二者之间的联系。

1. 确定要表达的内容的主题。如上面的示例中提到“学习过程”“下雪天的事情”“2018 年的愿望”，它们对应的关键词分别是“过程”“下雪天”“愿望”。

2. 通过关键词展开联想，找出与关键词有共同特点的事物，并在脑海中浮现出一幅具体事物的画面，如“过程”相对比较抽象，可以想到具象的“从点 A 到点 B 的过程”“旅行的过程”“路径”等；“下雪天”想到雪花，“愿望”就是冲破一个个关卡等。

3. 简化图像，将文字内容与图像结合到一起。如一段路程的各个阶段；雪花里面刚好承载关键词等。

当然，确定关键词、展开联想、图文结合三个步骤是环环相扣的，没有一定的优先顺序，且三者之间是相互影响的。你可能对某一具体的物体有了想法，却不知道该如何匹配自己的关键信息；也有可能有明确的关键词要表达，却不知道可以想到怎么样的画面。这些都不用担心，只要多加练习，隐喻自然而然就会浮现出来。

如果通过自己的联想无法构建隐喻构图怎么办呢？是否就不能使用隐喻构图呢？并非如此，下面为大家列出了一些常见的隐喻构图：

象征生命、新生、收获的植物隐喻

说起“成长，收获”，我们总会想到绿色、枝芽长成大树、果实累累等，若要视觉化这些词语，一颗长满果实的大树或一棵幼芽长大最为合适不过；在小蛮的《21 天画笔记收获》中，就是做了这样的表达：这 21 天的收获，从一棵小种子，慢慢生根发芽，成长，直至开出了五色的花朵，收获逻辑能力、行动力等。

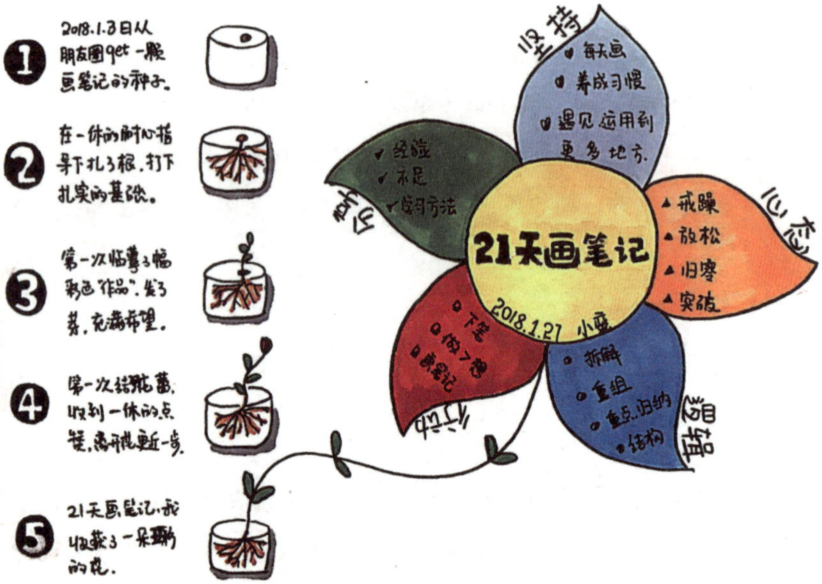

除了盛开的花朵，我们还可以用大树来作为构图。如麦田基金会的秘书长种子将麦田比做了一棵大树：

用麦田树介绍麦田的过去、现在和未来。大树的根是麦田最基本的信念、价值观、文化，以及因为这些东西而聚拢来的人；枝干是什么呢？麦田人正在做的事情，如专业、志愿者管理和项目。

树的上部，是最终想达成的愿景，是一棵树最美丽的部分。它包括：麦田人要成就孩子，成就志愿者，最后是麦田秘书长种子的小小心愿，希望通过这样的努力，能够小小的做到一点，成就社会。

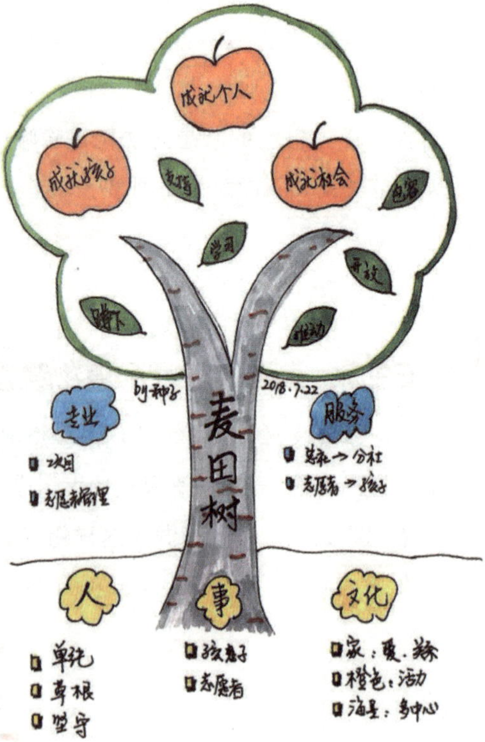

象征过程与结果的旅程隐喻

常用的隐喻构图中，除了象征生命成长的植物之外，还有前面提到的旅程隐喻，旅程隐喻是引导师常用的一个构图，在图中，有象征目标的高山和太阳，也有通往这个目标所需要的路径，以及目标完成者。在通往目标的这条道路上，使用者需要认真分析在目标达成过程中具体的措施，并标注在图中“1，2”的地方写下自己为达成目标所采取的措施、步骤。其措施、步骤多少根据实际情况写出即可，不需要拘泥于模板中的数量以及位置；同时还要考虑到目标实施过程、可能出现的挑战有哪些，以及可能获得的支持有多少。

这是一个非常灵活的构图，如一个项目的过程，一个计划实施的过程。甚至可以将其用到安排假期上，只要有目标出现的地方，都可以使用旅程隐喻。以出版《画笔记：不会画画也可以学会的视觉笔记》为例，我可以使用这个构图为自己制定如下计划：

目标：出版《画笔记：不会画画也可以学会的视觉笔记》一书。

步骤：① 积累视觉笔记专业知识；

② 撰写内容；

③ 与编辑一起共同协商修改内容；

④ 确定封面、序等内容。

存在挑战：

① 是否能够将专业知识浅显易懂地呈现到纸面之上；

② 时间紧迫，从 3 月份开始，7 月份交稿，还要照顾一个 1 岁的宝宝；

③ 不清楚写书与普通写作有哪些区别。

支持：① 秋叶、秦老师私房课给予写书的方向；

② 家人的支持，妈妈帮忙带宝宝。

将如上文字稿呈现于构图中，具体效果如下：

隐喻构图相对于前面的构图来说难度较大，除了基本的内容之外，我们还需要为内容整体“讲一个故事”，这需要较长时间的思考、对内容与的图像的简化，对于初学者而言，这不是件简单的事情，如果这个章节给你带来了压力，那就退一步，选择目前行得通的部分学习，我相信，经过一段时间的练习，随着对视觉笔记的熟练程度的加深，会慢慢设计出自己的“隐喻构图”。

1 视觉笔记常用的构图有哪些？

从左到右或自上而下；中心放射式；模块化；路径型构图以及隐喻构图。

2 构图时，需要注意哪些问题？

不能为了构图而构图，而是要“形式追随内容”，根据信息之间的关系选择能够表达信息关系的构图。

3 隐喻构图的含义是什么？

隐喻构图就像是给自己的视觉笔记讲故事，要给读者留下一个印象深刻的“画面”。

我的一天该如何记录呢？

作业点评

▲作业来自于画笔记6期学员 浅白

浅白的《我们的一天》采用了路径式构图，记录了当天发生的几个大的时间块事情，在整理的时候，一些小的内容忽略不计。每一件事情之间存在时间上的逻辑关系（从早到晚），所以用路径型构图来表达非常合适。

第 6 章

Add text——添加文字

@image

书写的过程就是把立体的思考传递到线性的语言上去，动笔就是一种整理

——《思考的整理术》

在这个数字化时代，写字似乎是一种倒退。记得有一次在分享画笔记时，一个伙伴问我：这要手写呀？岂不是效率很低？现在都电子化了，哪里还用写字？这看起来似乎是一个尴尬的现场，然而，有越来越多的研究表明，虽然在数字化时代，手写字重要性在逐渐凸显。

我们有句俗语叫做“好记性不如烂笔头”，说的就是写字能够加深我们的记忆力，相较于打字，书写文字的记忆里会更加深刻，而且在视觉笔记中，我们无法像打字一样记录大段文字，这也在无意中练就了归纳总结的能力，而归纳总结的能力，恰恰是视觉笔记er应具备的。尽管写字这一方式古老而陈旧，但却能让我们将重要的信息从喧闹中摘录出来。

6.1 写字不好看，可以做视觉笔记吗

除了画图之外，有些伙伴也经常为视觉笔记里面的字体感到苦恼：字不好看怎么办？字不好看是不是就不能做视觉笔记？是不是要先去练一些艺术字才能做视觉笔记呢？并非如此，写字好固然能给视觉笔记加分，但是并不需要刻意练习艺术字体，艺术字体虽然从视觉上能够吸引人的注意力，但是在辨识度上却大大低于常规字体。所以，我们只要按照平时的写字方式去写字就可以了。

初学分布，但求平正。

——唐朝书法家孙过庭

这里的平正指的就是“工整”，也就是横平竖直，简言之，你的字可以不好看，但是一定要工整。只要做到“字迹工整，清晰易读”就可以了，视觉笔记中一定不要出现潦草不清晰的字迹，否则，即使用了很棒的构图画了很漂亮的图像也只能是本末倒置，视觉笔记的文字想要写得好看，也是有技巧的。

写好字的技巧

技巧 1：写“慢一点”，“再慢一点”，不要总想着自己一定要写得多好，只要认真谨慎，写出来的字自然会清楚明了。

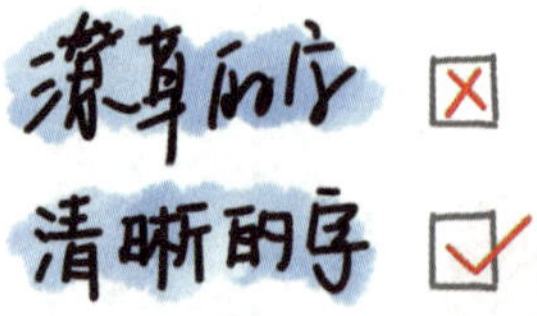

技巧 2：用粗笔，写大字！视觉笔记完成之后会拍照呈现出来，用细笔写出来字会显得小而单薄，甚至会降低你笔记的价值。所以，换掉你一直在使用的 0.5 的签字笔吧，试着换成 1.0 的笔，你的字自然变大，呈现效果也会不同。

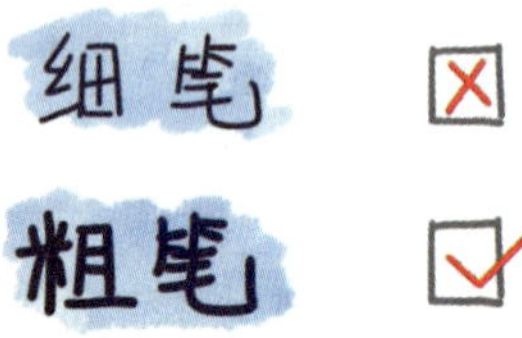

除了写好字之外，还要注意文字信息的层次。可能你会问“视觉笔记也有层次吗？”

当然！

视觉笔记与线性笔记有一个很大的不同就在于：视觉笔记的文字是存在“层级”的。一篇优秀的视觉笔记应该能做到，即使抛开所有图像和线条，仅通过文字层级，也能快速定位到每一模块的具体内容。

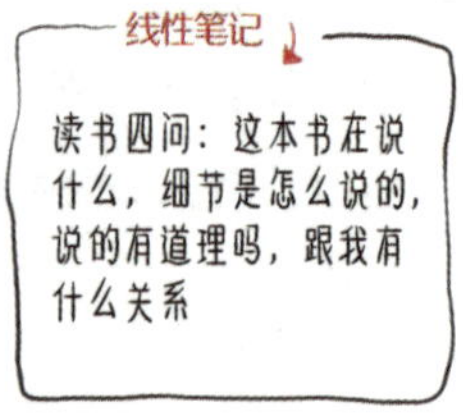

建立清楚的视觉层次

一则视觉笔记能在瞬间被人读懂，首先要确保画面上的所有内容都能准确地表述信息内容之间的关系，哪些内容相关，哪些内容是其他内容的组成部分，换句话说，每一篇视觉笔记都应该有清楚的视觉层次，一个视觉层次清楚的笔记有 3 个特点：

① 各个层级的标题清晰，如一级标题最大，二级标题次之，正文最小；

② 越重要的部分越突出。例如，最重要的标题要么字体更大；要么颜色更足更特别，旁边留有更多空白；要么接近页面的顶部——或者，以上几点的综合。

③ 逻辑上相关的部分在视觉上也相关。当物体彼此靠近时，它们倾向于被默认感知在同一个组织中，心理学家基于格式塔原理来检测用户对于元素之间关系的视觉感知，发现人们倾向于将视觉关系靠近的元素群视作有关系的一组，如下面图（a）。值得说明的是，位置接近的元素，即使色彩形状大小都不一致，但只要他们足够靠近，都会被人们视为一组，如下面图（b）。

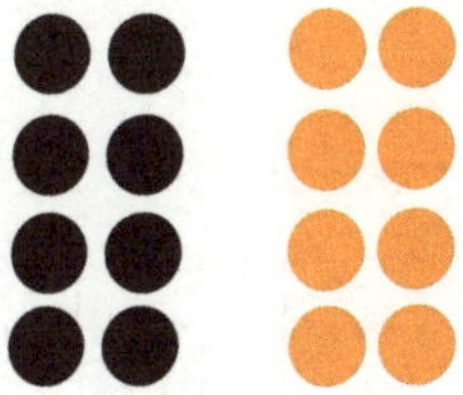

图（a）

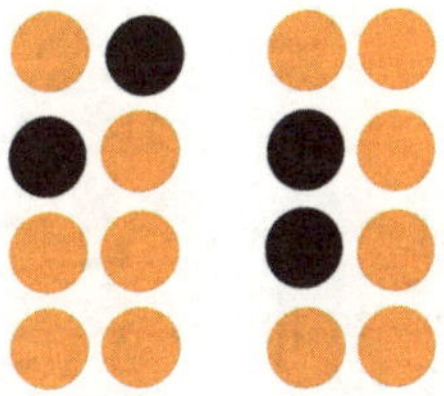

图（b）

信息的视觉层次并不难理解，我们每天都在做这样的事情，比如我们在阅读报纸或浏览网页时经常会遇到，比如图 x 中，我们一眼就能够了解 xx 和 xx 是一起的，因为图片和文字是紧紧挨着在一起的，即使周边没有分割线我们也能一眼就知道文字是对图片的注释，同时，这个内容最重要，因为除了报头之外，图片是最为吸引人的方式，占用的位置相对也多。

这就是一个好的视觉层次的表达。它会在视觉上优先对内容进行组织和区分优先级，让别人在看到笔记的时候知道最为重要的内容是什么，从而减少看笔记人对信息的解读，而这部分信息，则是视觉笔记 er 在进行信息整理的时候需要去完成的。

格式塔原理可以为建立良好的视觉层次提供方向，以下是格式塔原理比较常用的规则：

层级都藏在“格式塔原理”中

接近

接近强调位置，实现统一的整体

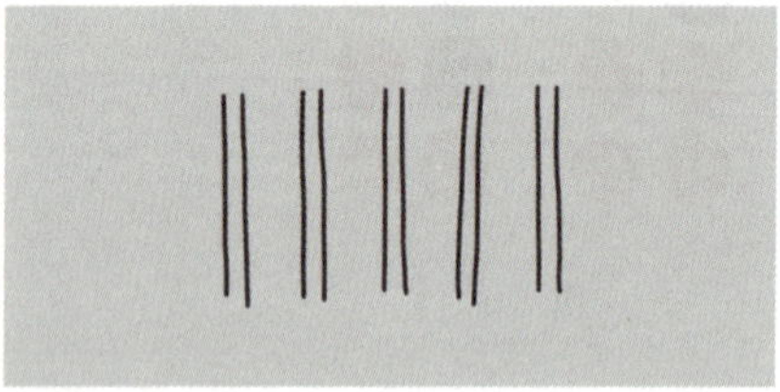

当第一眼看到10条白色竖线的时候，会更倾向于把它们识别为5组双竖线

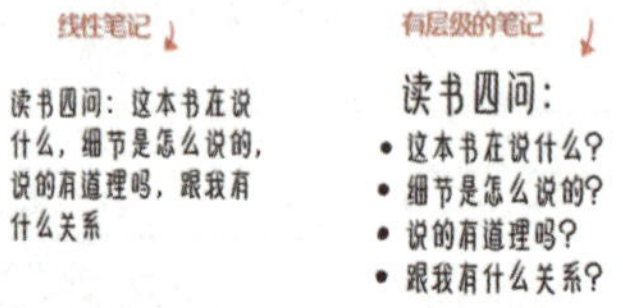

把相邻的信息放在同一模块里，即使没有明显的框线，我们可能会因为信息的接近性自动把它变成同一组块

当笔记中出现多组信息时，接近性可以从视觉上让人第一眼就了解到信息的分类情况

相似

相似强调内容，人们通常把那些明显具有共同特性（如形状、运动、方向、颜色等）的事物组合在一起

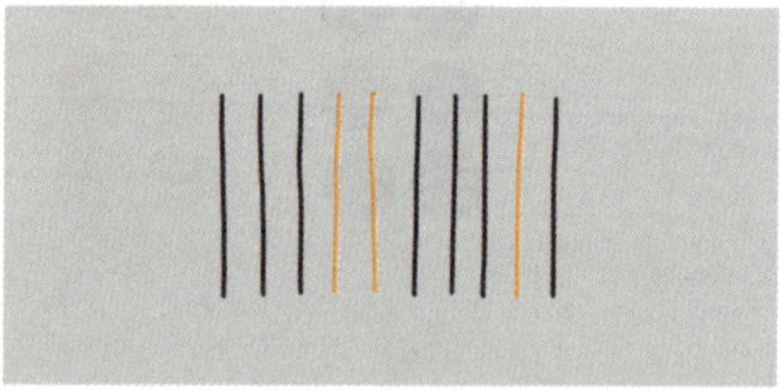

第一眼看到上述线条时，会在第一时间因为颜色将它们归为2组

通过颜色的不同就能迅速对信息进行区分

我们可以通过颜色、形状等方式将笔记中的同组信息归类到一起

Gestalt，意即“模式、形状、形式”等，意思是指“动态的整体。自1912年由韦特海墨提出后，在德国得到迅速发展，后来由于Kohle和K，Koffka的访美以及他们的著作被翻译成英文之后得到进一步传播，在国内格式塔心理学又被称为“完形心理学”。

封闭

观察事物时会倾向于把独立的个别元素群聚，并自动填补元素间的空白状态，当成一个封闭的图像

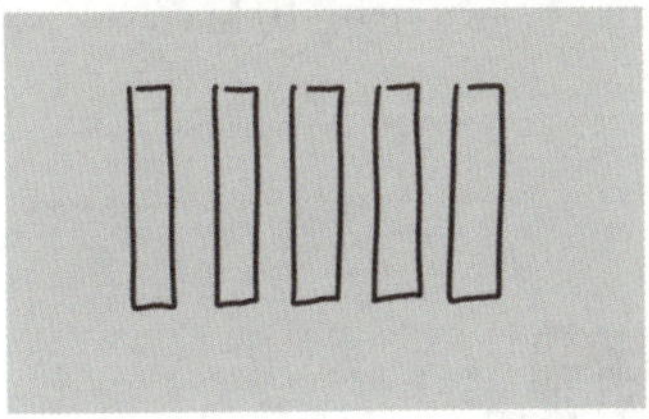

线条即使不闭合，也不妨碍我们将图像识别为5个长方形

即使我们只感受到了不完整的局部形象，却能够联想到这是熊猫

不闭合的图像也会实现统一的整体，并能给人以简单、轻松、自由的感觉

简单

当我们在一个设计中看到复杂的物体时，眼睛更愿意将它们转换为单一统一形状，并尝试从这些形状中移除无关的细节来简化这些物体

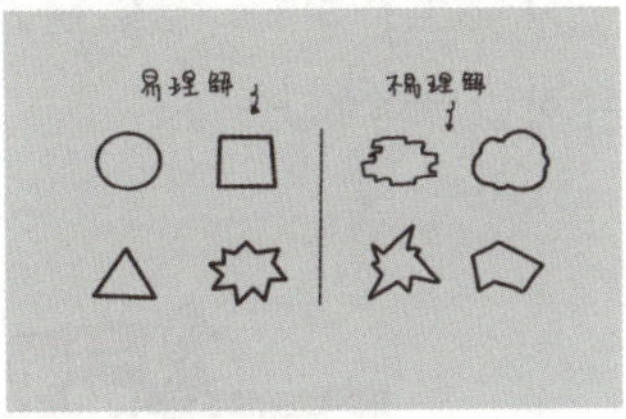

人脑有化繁为简的能力，人们会更倾向于理解简单的图形

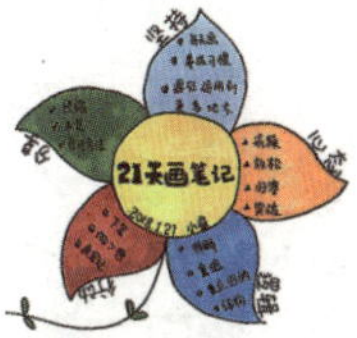

看到上述图像的瞬间就能了解信息共有5个部分组成

设计的构图，图像越复杂他人理解起来越费劲

连续

视觉倾向于感知连续的形式而不是分散的碎片。通过找到非常微小的共性将两个不同的环连接成一个整体

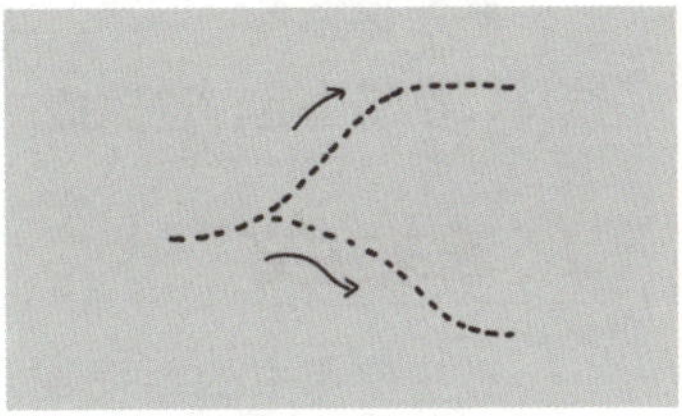

人的视线会顺着具有延续性的内容观察

字母H和叶子，这完全是两个不同的图形。但即使这样还是可以通过横线和叶脉这个非常微小的共性连接成一个整体

我们可以利用视觉追随连续性，把不关联的元素联系到一起，亦可利用这种连续性引导观察者的视线

6.2 轻松画出标题的7种方法

制作视觉笔记的第一步要先从哪里开始呢？当然是大标题：标题的内容由自己定义，在写法上，这里提供几种可以参考的方式。

1．拿来主义

直接使用书的封面或者分享者的海报的字体。如“罗胖”每年的跨年演讲——时间的朋友。

2．手写字体

对文字笔画进行描边、加粗，或加入底色等，这种方式最为常见且不费脑。

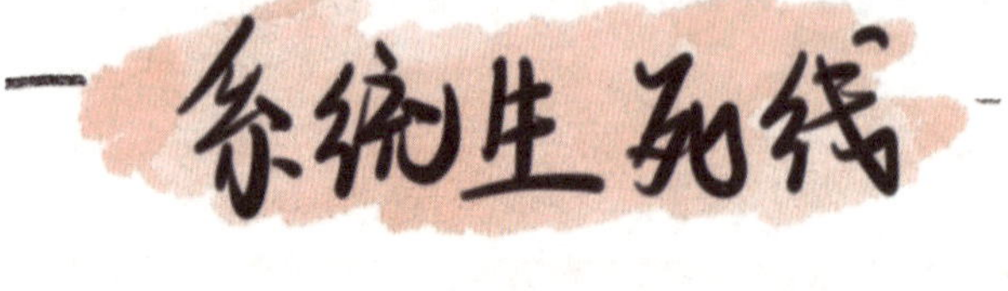

3．根据文字内容再设计标题

这类标题的写法相对比较复杂，需要做一些设计。当然，这个“设计”也并非要像设计师那样进行设计，而是根据标题内容去做一些简单的装饰。如《理性乐观派》一书的标题，除了方法 1 的“拿来主义”外，还可以增加云朵边框和代表乐观的笑脸元素。

4．将文字的某一笔画变成图像

即把文字的某一个笔画直接使用图像代替，如冒泡的泡字，三点水的部分直接使用“泡泡”代替，需要注意的是转化后的图像尽量简洁易懂，尽量做到一目了然。

5．加入演讲者的头像

这种方法对绘画能力要求相对较高，如果没有把握，就省略或者选用别的方式。千万不可以把头像画得四不像，这样会显得对演讲者很不尊重，一些名人的头像可以去网络收集。

6. 使用 POP 字体

POP 字体，主要广泛应用到刺激引导消费和活跃卖场气氛，如一些展板、橱窗海报、店内台牌、价目表等，也被应用到视觉笔记中。虽然 POP 字体在外观上比较容易吸引人的眼球，但是相对于常规字体书写时候速度较慢，字体的可读性较差，并不适合大面积的阅读，所以正文的书写中，应尽量避免使用 POP 字体。

7. 使用边框，突出标题

使用边框的形式进行标题设计，上手快，也容易出效果。如右侧笔记，初学者只要根据标题的长短确定边框的大小即可。

下一页为大家准备了一些常见的视觉笔记标题边框的画法，方便初学者直接使用。

常见标题写法
此处写文字
此处写文字
写文字
此处写文字
此处写文字
此处写文字
此处写文字
此处写文字
此处写文字

6.3 信息点太多？

使用项目符号快速整理信息

可视化的工作不只是通过图像来完成，项目符号也可以起到同样的作用，项目符号的概念听起来有些陌生。但是我们在 Word 或 PPT 中经常使用，如右图。

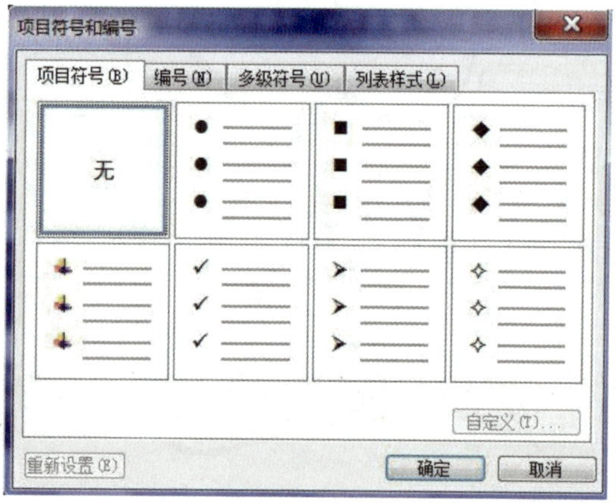

项目符号整理后的内容层次结构更清晰、更有条理，所以在画笔记的时候项目符号可以直接拿来使用。原则上，所有的几何形状都可以拿来作为项目符号使用：圆圈、方块、菱形、箭头等。通过一个小小的原点或方块，可以迅速地追踪到每一条信息。

读书四问：

- 这本书在说什么？
- 细节是怎么说的？
- 说的有道理吗？
- 跟我有什么关系？

如果有必要，项目符号可以与笔记的整篇内容结合在一起。如右侧这篇养鱼的笔记，就是用鱼的轮廓作为项目符号。

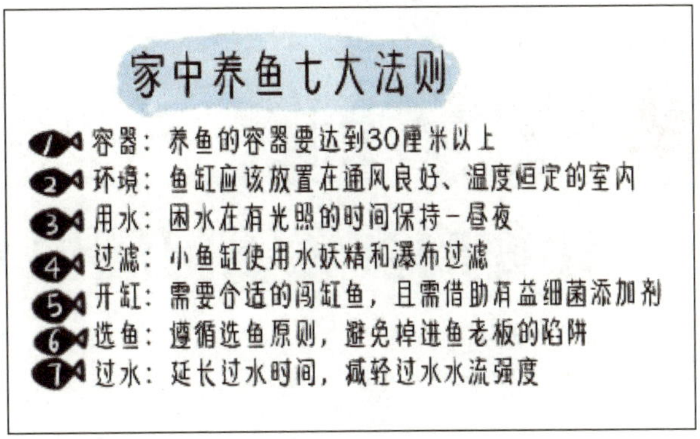

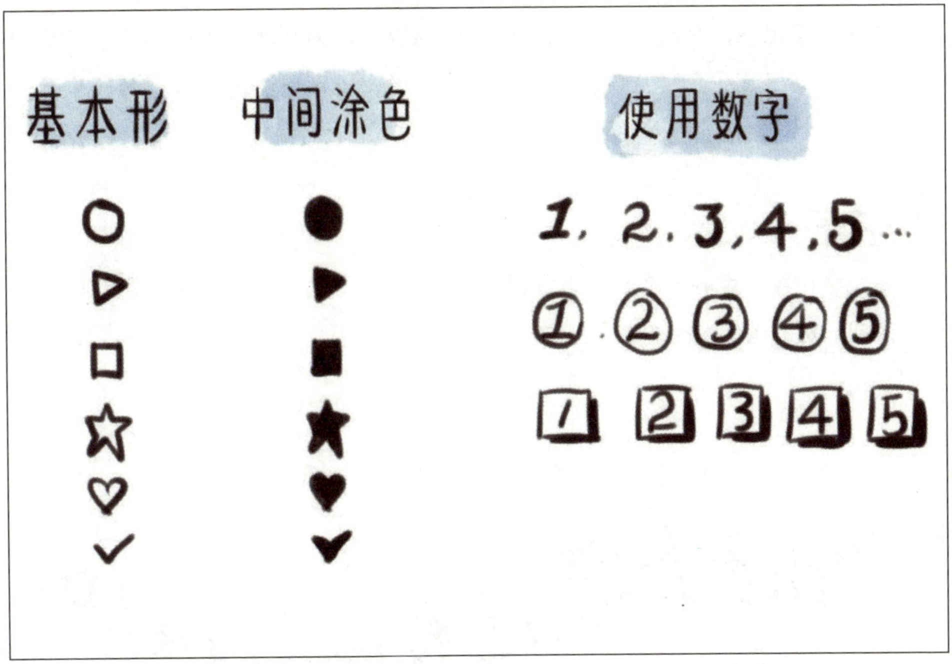

为了更好地帮助大家使用项目符号，此处整理了常见的一些项目符号：基本形状，或者将基本形状中间涂色，或者直接使用数字等。如果说画图像很难，那么使用项目符号是最简单的一个让你的笔记看起来“视觉化”的途径，项目符号可以让我们的信息更加清晰有条理的同时，让整个画面也看起来更加整洁。如果你不会画图像，用项目符号就对了。

6.4 文字画，让你的视觉笔记颜值 up

在视觉笔记中，有时候会出现通篇比较难以转化为文字，大段的文字会显得格外枯燥。这里介绍几种方法，即使不用画图像，也可以让视觉笔记看起来活灵活现。

路径文字

将文字按照一定的“路径”组合起来，这条路径可直可弯，还可以通过路径的变化形成一定的图像。

这样的方式既简单效果又好，经过设计后的文字既可以作为视觉笔记模块的分割线，也可以拿来做标题。

笔画"变"图像

这就是本章第 2 节里面提到的"标题写法"。这种方法也经常在标志设计中使用，如右侧的"成长"就是将"长"的笔画变成树叶，老师的"师"字也使用学士帽来代替。通过这样的设计，可以增加字体可看性和寓意表达。

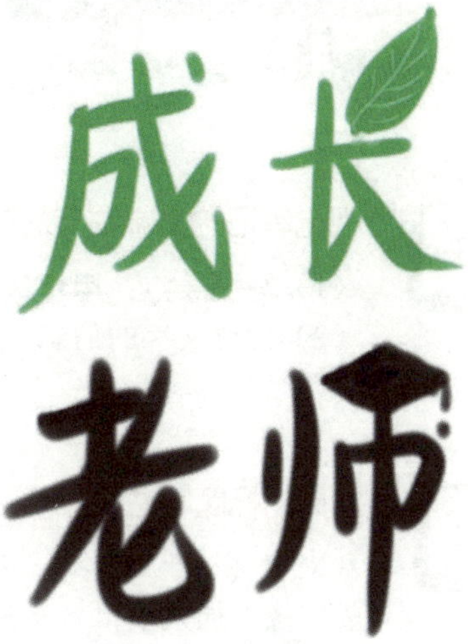

使用文字画

文字画，可以理解为使用文字组成的"图像"，图像本身并不存在，但是文字经过一定的排列组合后可以形成一种新的图像。这种图像既可以用来强调某个事物的特点，又可以用来表示某个事物包含多种特质。

如右图，主要是介绍水母，在表达水母的这些特性时，将内容与水母的外形做了整合统一，将文字直接堆积成了水母的触角，这种方式我们称之为"文字画"。

1 视觉笔记的文字在写的时候要注意什么？

（1）写慢一点；用粗笔写大字；
（2）注意文字的信息层次。

2 常见的标题写法有哪些？

拿来主义，手写字体，根据内容重新设计，将文字的某一笔画变成图像，加入演讲者头像，使用 POP 字体，使用边框。

3 信息点太多怎么办？

使用项目符号，通常来说，一般图像的基本形状都可以用来做项目符号，使用时候注意项目符号的整齐统一。

4 如何让视觉笔记颜值 up ？

在视觉笔记中，如果遇到通篇文字信息难以转化为图像时，可以使用“文字画”把文字的某一笔画变成图像，如成长的“长”字的某一笔画，用树叶代替等。

设计如下标题：画笔记。

作业点评

标题相对于一篇视觉笔记，就好比是一个人的脸，像我们每天要认真洗脸收拾妆容一样，标题也要投入足够的时间和精力。标题在设计时，依然要遵循写字的基本规范，做到字迹工整。在使用标题的 7 种方法时，可以随意搭配，更可以在熟悉 7 种方式的基础上进行自由创作。

如果做不到本章讲到的几种方法，可以直接使用自己平时的字，通过对文字进行加粗、描边等方式来凸显标题。具体步骤如下：

1. 按照平时的字体进行书写，书写时尽量写大，笔画与笔画之间留有足够的空间。
2. 在第一步的基础上将文字变成空心字。
3. 将空心字的地方上色。
4. 换一种颜色进行描边。

第7章

Graphic design
——设计图像

@image

“

随着人类文明一天一天的进步，图画开始被简化成符号，最后演变成文字，文字便成为文明进步的主流，我们因而忽略了图像的重要性。

——《心智图法圣经》

在西班牙的阿尔塔米洞穴，有迄今为止人类最早的绘画，那时候还没有文字。对于每一个人的成长历史也是一样，我们在学会文字之前都会通过图像进行交流，可以说，掌握视觉的表达方式，比掌握语言和文字更早。

所以画画并不是只有艺术家或者设计师才能做的事情，这就好比大多数人其实都不懂作曲，但是并不妨碍我们听音乐一样。只要掌握一些简单的技巧，一样可以画出像样的视觉笔记。

在画笔记时，我们经常遇到的问题就是如何将听到的文字变成图像，也就是如何将“听”到的东西“画”出来。要直接“翻译”吗？把“文字”翻译成图像有什么方法吗？如果遇到一些抽象名词怎么办？

在这一章节，将给大家分享这些方法，也会告诉大家如何画得又快又好。

”

7.1 文字秒变图像的 4 种方法

从信息转化到图像，其实就是记录者从某个信息点出发，经过发散思维联想到图像的过程。一般来说，有如下几种方法：

1 . 图示化翻译

将信息直接转化成与之相对应的事物，这类信息一般多适用于实体名词，是看得见摸得着的，比如“杯子”“手机”“书”等；在画这类图像时，只要根据物体的外观直接画出即可，难度系数较低。当你无法直接将看到的物体画出时，不妨回看第二章的内容，通过拆解的方式画出看到的物体。

2 . 使用联想

将信息转化为与之相关的事物，这种方法适用于抽象名词，如“爱情”“自由”“和平”等，这类词语是看不见摸不着的内容。画这类图像需要展开自己的联想，可以通过自问自答的方式，如“什么东西象征 xxx”“xxx 是 xxx 的”来获得答案，比如“什么东西象征爱情？”——“玫瑰花”；“什么东西象征自由？”——“飘来飘去的云”“游来游去的鱼儿”等。

3．画出特点

除了使用联想，还可以画出事物的特点，如“婴儿”，可以问自己“婴儿有什么特点”，通过这样的方式画出关键词的图像。

4．近义词法

如果上述三种方式都无法画出关键词，可以使用“近义词法”。具体操作是：找到要画关键词的近义词，然后画出他所对应的图像，如“规则”，它的近义词是“规章”，规章是什么样子呢？规章是写在纸张上的，可以通过如下的方式去转化图像。

了解了方法后是不是迫不及待地想去尝试呢？视觉化思维不是瞬间就可以练就的，要将这些方法熟记于心，然后在日常生活中不断练习。

7.2 如何成为快速画图的高手

经常有人问我：怎么才能做到边听边画呢？这么快的记录速度如何练成呢？有什么窍门吗？

技巧 1：局部替代整体

什么叫局部替代整体？在第 6 章常见的标题写法中，我们讲过，可以将人物头像加入到标题的设计中，头像的使用，就是使用局部替代整体。

为什么不画一个完整的人物而只呈现头像呢？

在一篇笔记的记录过程中，特别是现场版本的视觉笔记的制作中，考验的是我们快速传达的能力，只要能够快速准确地表达出关键信息即可，无须在无效的信息上花费笔墨。在呈现图像时，呈现出具有差异性或具有代表性的内容即可。比如画一个人物时，不需要呈现出整个人物的姿态，穿什么衣服，站姿如何，而是抓取关键部位，比如脸或者具有代表性的眼镜、发型，等等。

技巧 2：只在重点信息呈现图像

对于初学者来说，刚开始可能会搞不清楚什么内容该画图、什么内容不该画图。往往图画了一堆，但是却不能达到应有效果。

俗话说花钱要花在刀刃上，画笔记也是如此。画笔记中的刀刃在哪里呢？一定是笔记中重要的部分，可以是演讲者或者书中强调的，也可以是你觉得重要的内容；但是千万不可听到什么画什么。初学者往往会发生的状况是自己会画什么就画什么，也不管是否为关键信息，到头来图画了不少，但是依然不知道何为重点。

技巧 3：练就默画的本事

局部替代整体，只是一种技巧，要真正做到又快又好，还是要从根源上解决问题。所谓熟能生巧，当我们对一个事物画得越熟练，完成的速度也就越快。还记得学英语时老师经常听写单词吗？老师念出一个词语，我们就要迅速地拼写出来，这个就是考验我们的记忆能力；视觉转化也是这样，我们要将单词的拼写（画法）牢牢地记在脑海里，这样才可以做到想用的时候“随拿随取”。

可能你会问，我该去哪里“拿”这些视觉单词呢？这就要借助视觉单词库。你可以在本书的附录，找到我为大家准备的常用的视觉单词。

7.3 如何画出具有创意的视觉图像

> 善用隐喻的人都是天才。
>
> ——亚里士多德

在构图章节中，我们学习了隐喻构图，让我们能够“举他物以明之”。在图像的部分，我们该如何使用隐喻呢？在这里介绍 3 个简单易上手的小方法，只要对原图像加入小小的变化，就可以使图像让人眼前一亮！

1．拟人法

把事物拟人化：将本来不具备动作和情感的事物变成和人一样具有动作或感情的样子。

方法一：把主题物添加表情或手脚，如给自己梳头发的太阳，暗含自力更生，自己的光芒荣耀要自己争取；

方法二：给画出的图像加入四肢：如一个哺乳期的妈妈，在表达自己的时候给奶瓶上加入了手和脚，比喻自己为“行走的奶瓶”。

2. 替换法

替换法，设计师经常用到的一种设计手法。在许多的设计作品中我们经常能够看到两种不同的事物被整合在一起，或者将一种事物的某一部分用另一种事物代替，这就是图像的替换法。比如下面的几个图像中，灯泡的灯芯，笑脸的轮廓以及一箭穿心的“箭”都是使用铅笔代替。通过这种置换的手法，能够更加清晰地表达图像本身的设计意图，给观者以趣味感和视觉冲击力。

3. 经典再现法

对经典图像的引用与再现，是指在图像展示时引用经典的，对大众广泛熟知并接受的图案与形象，体现或表达与经典图案相同性质的属性，相同的价值地位等。这种经典图像可以是经典的纹理花纹、简述形式、雕塑器物、名家画作、人物形象、经典故事等，如右侧的表情就是模仿了《呐喊》。

我们在日常生活中如何锻炼自己的隐喻能力呢？这里介绍 2 种方法：

① 熟练记忆视觉笔记中常用词汇，在基本功足够扎实的基础上，才能催发新的创意；可以在常用的视觉元素包中进行相关方法的练习。

② 与宝宝对话，以宝宝的眼光来观察世界，宝宝经常会冒出很多好玩有趣的话，这些话都会是新的视角。与此相同的是可以多看一些宝宝的绘本，绘本中往往蕴含大量的隐喻。

7.4 1 小时画出 100 个视觉单词的秘诀

秘诀 1．伸出视觉转化的触角，在日常生活中主动积累

我们生活的大千世界中，每天都会与数不清的物品打交道。

从早晨起床开始：去洗手间，刷牙，洗脸，护肤，整理上班用的物品，吃早餐；然后锁上门，走进电梯，进到车库，开车一直到公司……

到了办公室，或许你在打招呼的时间刷了卡，到了自己的工位上，放下包包，清理桌面，利用开机的时间去倒了一杯水，开始查看邮箱……

这一系列，都是由不同的物象组成的，我们要做的，就是将与我们接触的这些名词都“画出来”！

秘诀 2．积累主题元素

除了碎片化的积累某些不连贯的视觉词汇外，还可以根据某一具体的场景积累相对应的主题元素，即围绕某一固定的主题可能会出现的内容，如旅行笔记。

不仅仅是旅行，工作、学习、情人节，或者某一地点，比如说你进入厨房，或在办公室，都可以有各种各样的主题元素，本书的附录中也提供了相应的视觉元素库。

秘诀 3．扩散联想法

选择一个关键词，尽量想到 3 个可以表达这个词语的物象，如“电”可以想到“灯泡”“插座”“电池”等，在 3 个图像的基础上，反向思考，这 3 个名词可以表达什么词语，以此类推，多多益善。

明确关键词

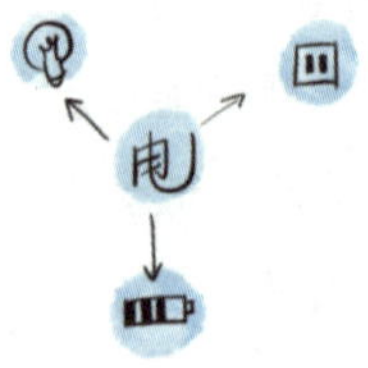

围绕关键词展开图像

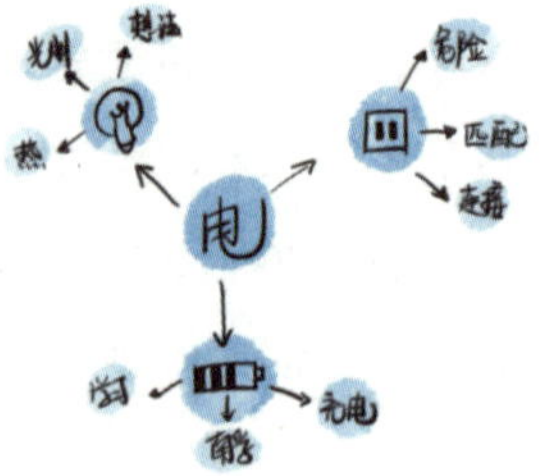

围绕图像展开新关键词

最后得到如下的思维发散图：

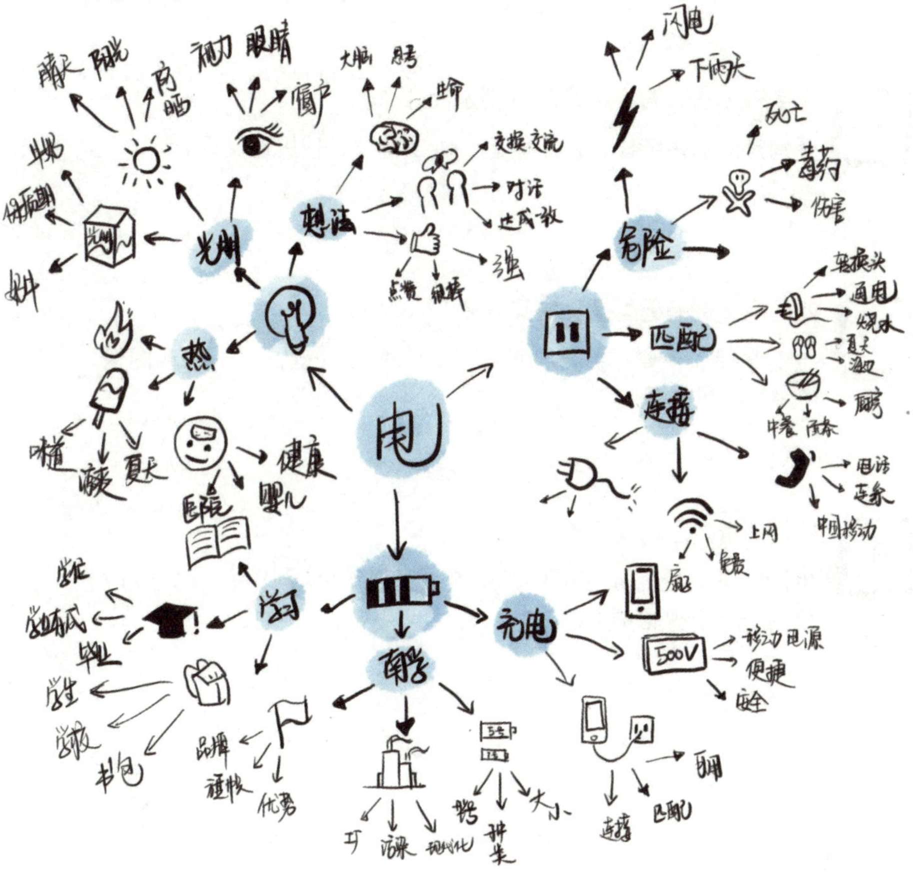

当然，如果你能画出 4 个或者进行更广维度的思考，你将收获更多的视觉单词，并且会不断扩展思维。

视觉元素就像学英语单词一样，我们需要在掌握基本单词和常用单词的基础上不断扩充自己的词汇库，不过这不是一件一蹴而成的事情，而是需要在长时间的学习中日积月累。如果可以的话，你可以为自己准备一个单独的视觉元素的小本子，然后就是伸出视觉的触角，不断收集，再收集。

1 文字转化图像的 4 种方法分别是什么？

分别是图示化翻译、使用联想、画出特征、使用近义词。

2 如何将视觉笔记画得又快又好？

主要掌握 3 个要点：局部替代整体、只在关键信息上呈现图像、练就默画的本领。

3 如何储备自己的视觉单词库？

生活可见之处处处视觉化、积累主题视觉单词、由一个词发散联想到 100 个视觉单词。

到目前为止，本书已经进行到第七章，伙伴们接触视觉笔记也有一段时间，如果把视觉笔记隐喻成生活中的某一件东西，你会想到什么？

作业点评

在阿 Ting 的《视觉 pizza》隐喻中，她的解读是视觉笔记就像一块比萨。可以分成很多块，每块都代表不同的模块信息。比萨饼皮就是构图，就像整个视觉笔记的框架部分；在饼皮的基础上可以根据自己的爱好去添加不同的食物，比如鸡肉、鲜虾、辣椒、鱿鱼等。这些添加进来的食物就是归纳的信息和图像，既有内容也有颜色。整体组合起来就是一块美味的比萨，一场视觉的盛宴。

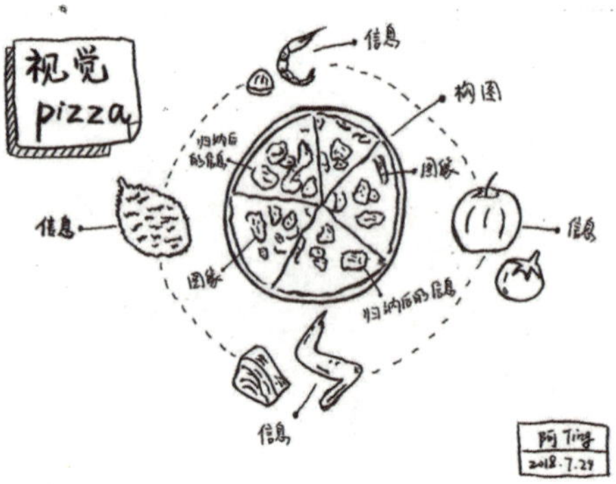

《视觉 pizza》的内容主要是从视觉笔记步骤中进行归纳概括，而小呆的《视觉笔记收获》这则隐喻，则是从对视觉笔记的前后认识出发，对视觉笔记的认识就像一个榴梿，看起来不敢触碰、味道也不那么好的榴梿，在真正吃到的时候美味至极，重要的是要去勇敢尝试。

第 8 章

Emphasize points
——强调重点

@image

这么多颜色怎么选呀？

什么色和什么色搭在一起比较好看呀？

要去学习水彩才可以吗？你的颜色怎么那么好看？

我好像连这些笔的名字都叫不上来呢。

每次课程总会遇到各种各样的问题，而以上这几个，总会在问题之列，尤其是与颜色搭配相关的问题，一直是位于色彩类问题的榜首。自然界的色彩尽管千变万化，错综复杂，但它的变化是有规律可循的。在这一章节，将会分享一些色彩的基本知识，从最基本的色彩笔的用法到色彩基础知识，色彩的选择，色彩搭配以及色彩在视觉笔记中的具体应用。

8.1 视觉笔记
色彩知识知多少

色彩是最能影响人们情绪的元素之一。加入色彩的视觉笔记也会让我们产生各种感觉，当然也会比单色的图像更吸引我们的注意力。我们并不需要同专业的设计人员一样去了解色彩的构成、色彩三要素，那些晦涩难懂的信息也并不适合视觉笔记。还记得“80/20 法则”吗？我们只需要找到最核心最关键的 20% 的内容即可。一般来说，视觉笔记使用色彩要注意如下几个方面。

文字通常使用深色

文字信息是视觉笔记最为基础的部分，记录信息时，通常用深色系特别是黑色来记录文字。当遇到一些重点信息或写二级标题时，可以使用色彩来进行强调，如图所示。

（a）　　　　（b）

在使用颜色进行强调时，尽量选择明快的颜色，如浅蓝、浅绿以及黄色等，尽量避免使用深色。需要注意的是：这里的文字指的是视觉笔记的正文部分，不包含主标题以及二级标题。

了解 3 个禁忌色

除了了解哪些颜色可以用外，我们还需要注意颜色的一些禁忌色，当这些颜色出现在你的视觉笔记中时，往往会让你的视觉笔记大打折扣。

① **不要用深色作为底色**。深色底，会让文字显示不清晰。

② **尽量避免大面积的使用红色**。色彩心理学中，红色是颜色中最热烈的暖色系，容易调动情绪，大面积地红色会引起人的焦躁不安，所以在视觉笔记的色彩使用中，也尽量避免大面积的红色出现。

③ **文字禁用黄色**。很多伙伴会认为，黄色是色彩里面明度最高、最醒目的颜色，所以它成为国际通用的警示颜色。但在视觉笔记中，避免使用黄色并非是因为它的警示作用，而是因为黄色的明度高，当用黄颜色写字时，易读性很差，很难辨认。

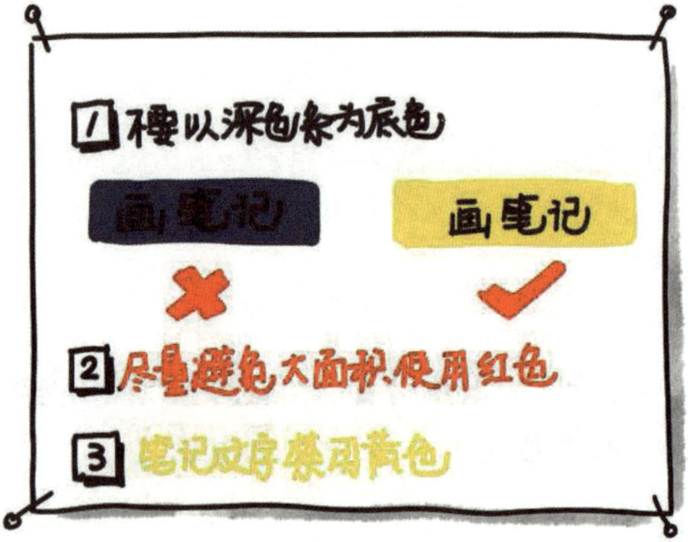

让物体变得有立体的绝招——阴影

在视觉笔记课堂中，经常会有伙伴问："怎样才能让我画的东西有立体感呢？"想要物体变得有立体感，最简单的方式就是在画图的时候加入阴影。阴影该如何画呢？这要从理解阴影的基本构成开始，这里以球体为例（见下图（a））。

（a）

假设光源的位置在左上，被光线照射的部分称之为明部，而阴影的部分称之为暗部，明部与暗部的境界线，我们称之为明暗境界线。如果光源在左上，就和下图（b）一样，有两个影子（"阴影画法二"），即物体自己形成的阴影（上图中的暗部）以及被物体遮挡后产生的阴影。

在给物体画阴影时，有两种画法：

画法一：直接将物体的暗部作为阴影；画法二：画出物体投射到地面上的影子。

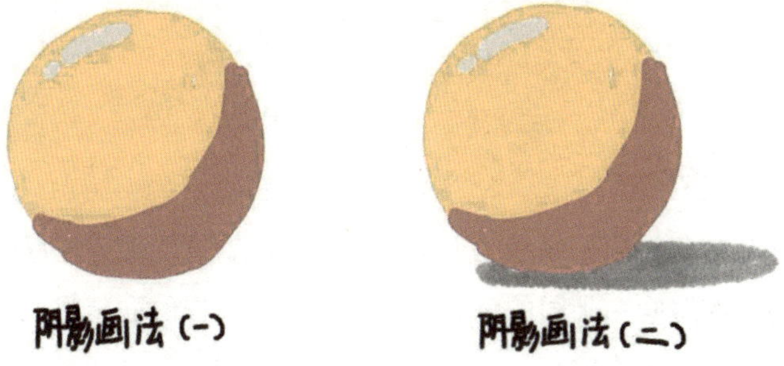

（b）

这是两种较为常见的阴影绘制方式，通常来说，视觉笔记中比较推荐画法一。

为什么不选择阴影画法（二）？画法（二）相对偏向于素描的画法，视觉笔记以简洁为主，所以在对图像进行阴影绘制时，推荐画法（一）——将阴影画在物体上面。

在阴影的画法中，最重要的就是确认光源的方向。一般来说，光在左上时，阴影会产生在右下方；光在右上时，阴影会产生在左下方。也就是说，阴影的画法中有一个原则——有左无右，有右无左。下面的图是以星星人为例，来展示左侧和右侧阴影的不同之处。

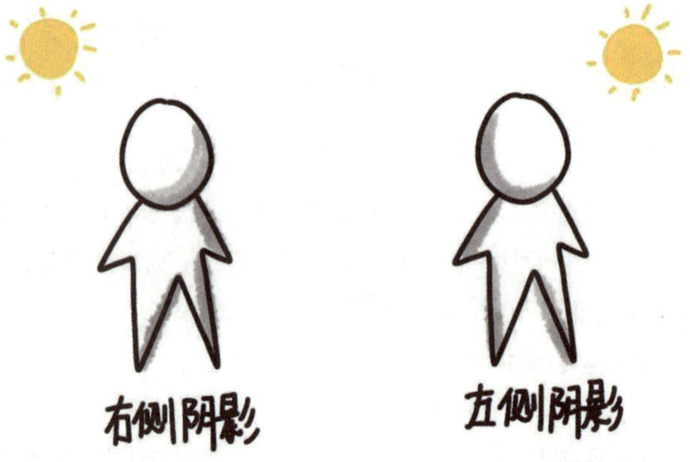

色彩也是有性格的

你有自己喜欢和讨厌的颜色吗？知道自己为什么喜欢或者讨厌吗？知道自己适合穿什么颜色的衣服吗？不同的色彩能让你产生不一样的联想吗？你为什么能通过一些颜色联想到一些事情呢？

这是因为，色彩也是有性格的。比如，当我们看到绿色、蓝色，就会想到大自然中的植被、天空；看到橙色、黄色就会想到温暖、阳光等。这样的色彩感觉是每个人都具有的，不需要你去思考就能立马感受得到的。下面，我们来简单分析一下不同的颜色。

红色：经常会让人想到火、血，所以红色经常会让我们想到活力、热情、太阳等。除此之外，我们的国家也尤其喜欢红色，甚至成为中国人的文化图腾和精神皈依，代表着喜庆、热闹、祥和。但是在印度代表纯洁；在英国则是勇气的象征。

橙色：橙色在自然中经常表现为日落，火焰的色彩，所以橙色往往给人温暖的感觉。很多蔬菜水果也都是黄橙色，如橙子、橘子、胡萝卜等，所以橙色也会让人感到美味。同时，橙色也能让人联想到活力。

黄色：说起黄色，会让人想到阳光，是一种使人愉悦的色彩，象征着希望和欢乐。同时，黄色也象征着丰收、财富等。由于黄色在所有颜色中明度较高，最容易引起人的注意，因此很多时候会将黄色作为警戒色，如交警穿的制服、道路故障标识都是较为醒目的黄色，目的就是引起他人注意。在我们的视觉笔记中，我们可以延续这一用法，把一些重点信息，用黄色标注出来。

绿色：是大自然的色彩，代表着健康、朝气；同时，因为植被的生长特性，绿色也是成长、生命、新生的象征。在现在社会，绿色演变成了允许的意思，比如交通标志的中的红灯停绿灯行、电池充电状态等。

蓝色：是天空和海洋的颜色，给人清爽、冷静，平稳和宽广的视野；同时也代表着科技、沉稳。正因如此，会被很多企业选为企业色。

紫色：紫色在所有的色彩中属于明度较低的，所以给人一种沉闷、神秘的感觉。在中国传统里，紫色是尊贵的颜色，如北京故宫又称为“紫禁城”，亦有所谓“紫气东来”之说；同时，紫色也代表着优雅、浪漫等。

色彩在视觉笔记中的运用非常重要。色彩可以更好地为信息进行分类，提升信息之间的层次；更可以帮助我们记忆，使信息更加清晰明了的表达。在使用颜色时，尤其要注意区分个人使用还是公众使用。

若做出的视觉笔记是个人使用，则可以搭配自己喜欢的色彩。但是若做出的视觉笔记要分享给他人，则要遵循一般的色彩规则：如一场关于饮食健康的内容，我们就要尽量使用与健康、饮食相关的颜色，如绿色、橙色等；如与情人节有关的内容，则可以使用粉色、红色等。

通常来说，视觉笔记是为了更好的整理信息，使用色彩可以更好地为信息进行分类，提升信息之间的层次，更可以帮助我们记忆，使信息更加清晰明了地表达。

8.2 色眼识图：解密视觉笔记色彩搭配

没有不好的色彩，只有不好的搭配。

——凡·高

初学者初次接触色彩时，往往会沉浸于色彩斑斓的世界中，总觉得颜色越多越好，可是在现实生活中我们很少见一个人穿衣会穿得五颜六色，着装时讲究色不过三，视觉笔记也应该遵循同样的规则。

初学者如何选择色彩

还记得小时候画画时怎么上色吗？天空都是蓝色的，花瓣是红色的，叶子永远是绿色。视觉笔记上色，是否也是如此呢？本章开篇时讲过，视觉笔记使用色彩的目的，并不是为了表面上的色彩斑斓，而是为了让层次清晰，重点信息明了，所以画笔记时不用遵循小时候画画上色的规则。初次尝试的伙伴可以通篇使用一个颜色，也就是单色系。或许你会疑惑，通篇使用一个颜色，也可以吗？

当然可以！

视觉笔记的色彩不是哗众取宠，而是为了更加清晰地表达信息，即使只用黑白色，也不为过。对初学者而言，从单色开始是一种比较容易上手的方式。如下图：

在《喵呜的自我介绍》中，整体使用了橘色，信息简洁明了。使用单色系的好处是无须烦恼色彩搭配，在现场制作时更加节省时间，也更容易上手操作。

尝试一段时间的单色系之后，可以慢慢过渡到几种颜色的搭配。

想尝试多色搭配怎么办

> 色彩像炸弹一样具有威力，可是也像炸药一样，要有很好的方法控制它。
>
> ——张大千

色彩对于初学者而言，一旦控制不好就很容易像宝宝涂鸦般的灾难现场一样。所以正确的搭配色彩就显得尤为重要。

从色彩学角度来说，色彩搭配有很多，如同类、类似、互补等。如果你想要尝试多色彩，建议从互补色开始。简单来说，色相环中相隔 180 度的颜色互为补色，补色靠近并置在一起时，它们各自的色彩都在视觉上加强，对于视觉笔记来说，非常容易出效果，常见的互补色有哪些呢?

常见补色——蓝色 + 橘色

在《首次冒泡》这则笔记中，主色调使用了蓝色，从笔记的大标题开始，到路径的使用，都使用了蓝色。而在二级标题的部分，则是采用了与蓝色的补色——橘色，蓝橘两个颜色在一起，是一对相对较为明快的颜色。

在使用时，尽量选择相对较为明快的浅蓝色，而非深蓝色。

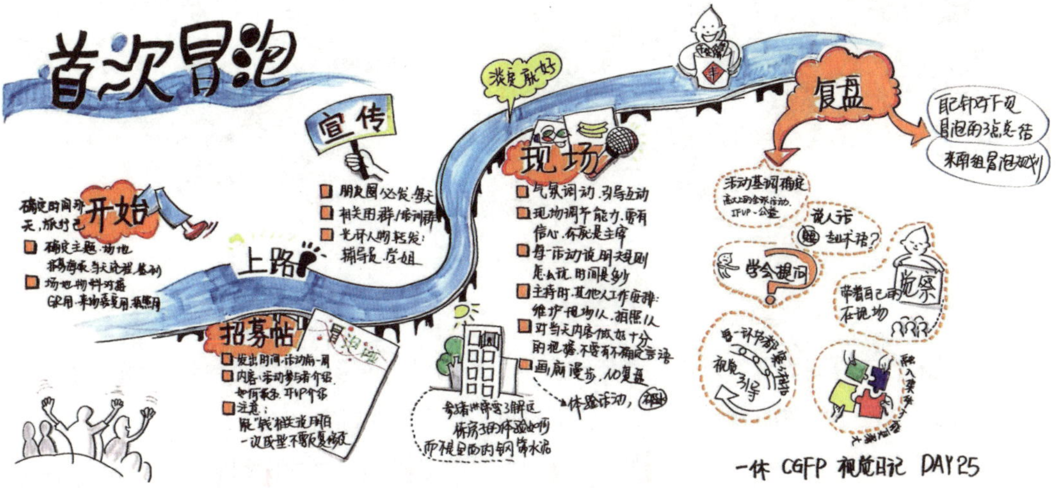

常见补色——红色 + 绿色

《怎样才算健康饮食》是一则与健康相关的笔记，色彩上使用了绿色作为主色调，同时搭配了绿色的补色——红色，最后黄色标记重点内容。

在红色和绿色的搭配中，一般使用绿色作为主色调，因为大面积的红色会引起人的焦躁不安，这也是红色是不经常在视觉笔记中使用的原因。

常见补色——黄色 + 紫色

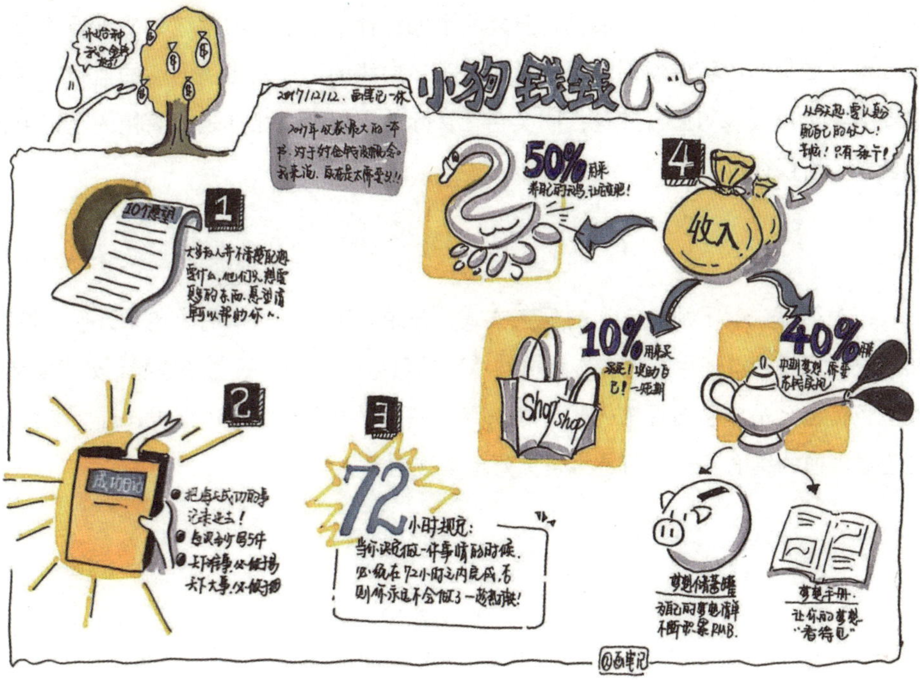

上面是《小狗钱钱》的读书笔记，与金钱相关，所以主色调选用了金黄色，同时以其补色——紫色作为搭配色彩。

在黄色与紫色的色彩使用中，黄色的色彩偏向明亮，使用时尽量选择趋向沉稳的中黄色；紫色整体偏向暗沉，选择时尽量避免过深的紫色。

除了使用补色，还可以使用类似色，类似色是指在色环上任意60° 角以内的颜色，各色之间含有共同色素，故称“类似色”。

第三种常用的色彩搭配是同类色，同类色是指同一色相中不同倾向的系列颜色。如黄色中可分为柠檬黄、中黄、橘黄、土黄等，都称之为同类色。蓝色中会分为：宝石蓝、深蓝、湖蓝色、浅蓝色，具体颜色的选择可以根据内容优先级进行使用，比如最高层级的内容要使用最深的蓝色，第二层级的选择稍微浅一点的蓝色，最不重要的，选用最浅的蓝色等等；同类色在实际的应用中，尤其是大篇幅的笔记中较为复杂，所以很少用到。

以上简单说明了视觉笔记的配色方式，开始时可以从简单的单色系开始，慢慢熟练之后可以尝试使用补色。当然再熟练之后可以尝试更多的色彩搭配，如同类色、类似色，甚至是自己去提炼一些色彩来用。在视觉笔记的上色过程中，最重要的不是为了表面的绚丽多彩，而是为了更好地呈现信息。

8.3 手把手教你涂色彩

纸上得来终觉浅，绝知此事要躬行。

——陆游

虽然前面讲了很多色彩的基本知识，也分享了色彩的搭配该如何选择，但是这些内容依然是属于“知识”，依然是在“纸上”，在实际操作的时候，肯定会有一些伙伴“不知道如何下笔”，这不是我的臆想，而是课堂上伙伴们的真实问题：

“我该怎么下笔？我知道蓝色和橘色搭配在一起，可是，我该在那里涂橘色？在那里涂蓝色？怎么涂？”

又快又好的秘诀——背景色

在前面的内容中，我们说过涂色时，可以不用像小的时候画画一样天要涂成蓝色，花要涂成红色。除了这个，我们还可以改变涂色的方式：小时候学会的是给物体上色，比如给花涂颜色时，总会把花瓣和叶子涂色，这是我们最本能最原始的上色方式。但是在画笔记中，我们可以选择一个更加简单的方法——涂背景色！何谓背景色？不是给主体物上色，而是围绕物体周边上色，给人的感觉是画在上面，颜色在下面，这样上色看起来的画面会更加完整，也更能表现出层级关系，主体物被颜色衬托出来。我的大部分单色系作品中，都是使用了这种方法。这种方法的第一个好处是，不用担心边缘线溢出，至于背景色面积要涂多大，涂成什么形状，都可以根据画面的具体来布置，当笔记内容篇幅多的时候，背景色就可以少一些；当笔记内容篇幅比较少的时候，就可以将背景色面积涂大一些来补充画面，以达到画面的平衡。

第二个好处是可以组织零散的画面，把比较凌乱的信息通过颜色在视觉上做到统一与归类。比如下面的《如何画笔记》的笔记中，给 I、M、A、G、E 这 5 个要点底部加入了背景色，让他们“看起来”是一个整体。若去掉背景色，整个页面的内容看起来就非常的凌乱。请看下一页面的两张图。

这种方法适用于单色系的色彩使用中，也同样适用于后面的“不同色块区分内容”。

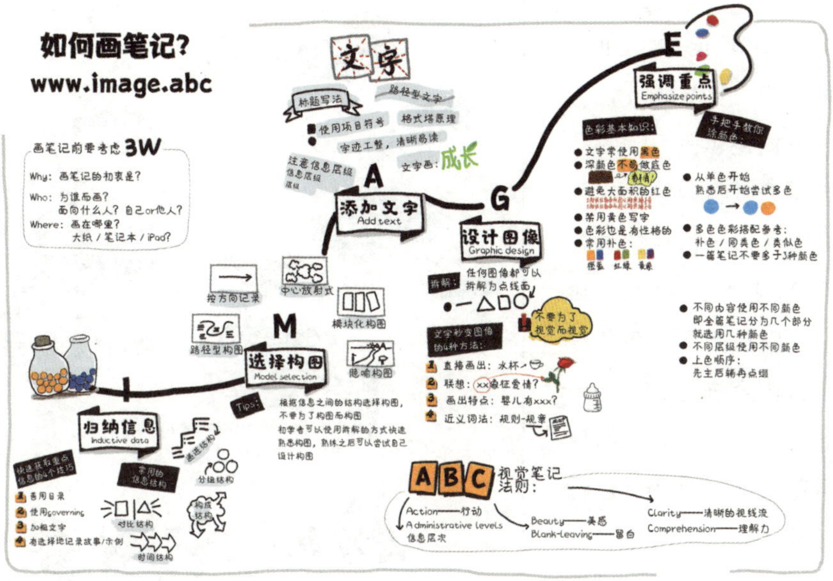
如何画笔记?
www.image.abc
画笔记前要考虑 3W
Why: 画笔记的初衷是?
Who: 为谁而画?
面向什么人? 自己or他人?
Where: 画在哪里?
大纸 / 笔记本 / iPad?
文字
标题写法
路径型文字
使用项目符号
格式塔原理
字迹工整，清晰易读
注意信息层级
文字画: 成长
A
添加文字
Add text
G
设计图像
Graphic design
E
强调重点
Emphasize points
色彩基本知识:
文字常使用黑色
深颜色不要做底色
避免大面积的红色
常用黄色写字
色彩也是有性格的
常用补色:
手把手教你涂颜色
从单色开始
熟悉后开始尝试多色
多色色彩搭配参考:
补色 / 同类色 / 类似色
一篇笔记不要多于3种颜色
不同内容使用不同颜色
即全篇笔记分为几个部分
就选用几种颜色
不同层级使用不同颜色
上色顺序:
先主后辅再点缀
拆解: 任何图像都可以拆解为点线面
不要为了视觉而视觉
文字秒变图像的4种方法:
直接画出: 水杯
联想: xx象征爱情?
画出特点: 婴儿有xxx?
近义词法: 规则-规章
按方向记录
中心放射式
模块化构图
路径型构图
隐喻构图
M
选择构图
Model selection
Tips:
根据信息之间的结构选择构图，不要为了构图而构图
初学者可以使用拆解的方式快速熟悉构图，熟练之后可以尝试自己设计构图
I
归纳信息
Inductive data
快速获取重点信息的4个技巧
善用目录
使用governing
加粗文字
有选择地记录故事/示例
常用的信息结构
递进结构
分组结构
对比结构
构成结构
时间结构
ABC 视觉笔记法则:
Action——行动
Administrative levels 信息层次
Beauty——美感
Blank-leaving——留白
Clarity——清晰的视线流
Comprehension——理解力

▲无背景色

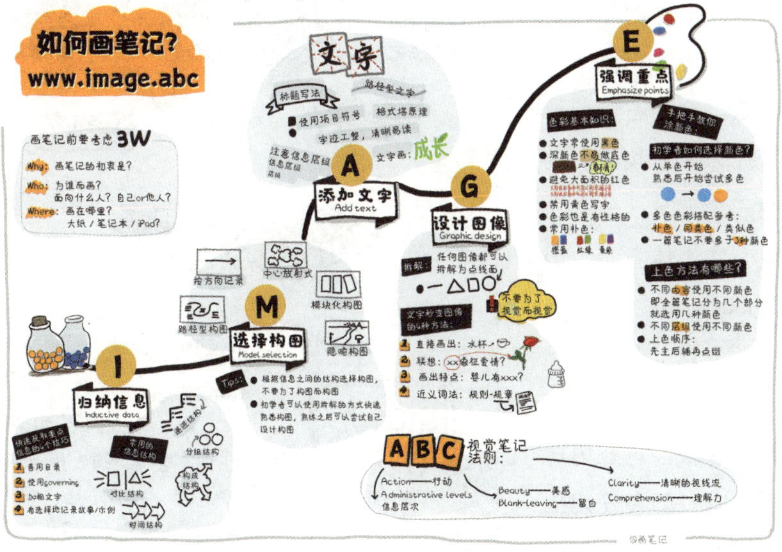
如何画笔记?
www.image.abc
初学者如何选择颜色?
上色方法有哪些?
@画笔记

▲有背景色

不同色块区分不同内容

在一篇笔记中，如果笔记内容相对比较独立，不存在过多的逻辑关系，我会使用色彩来进行内容上的区分。简单说，一篇视觉笔记中包含A，B，C，D四大部分内容，则使用4种颜色对每一部分内容进行上色。比如A部分使用红色，B部分使用蓝色，C部分使用绿色，D部分使用黄色，4种颜色的选择无须遵循前面所讲的色彩搭配，只要将内容区分开来即可。在实际操作中，既可以用刚才讲到的涂背景色法，也可以用给物体本身涂色的方法。比如右侧截取的关于《知识体系构建》的笔记中的三个部分——学习平台、核心知识体系、大历史（Big History），就是分别使用了蓝、绿、黄三个颜色来区分三个部分的内容。

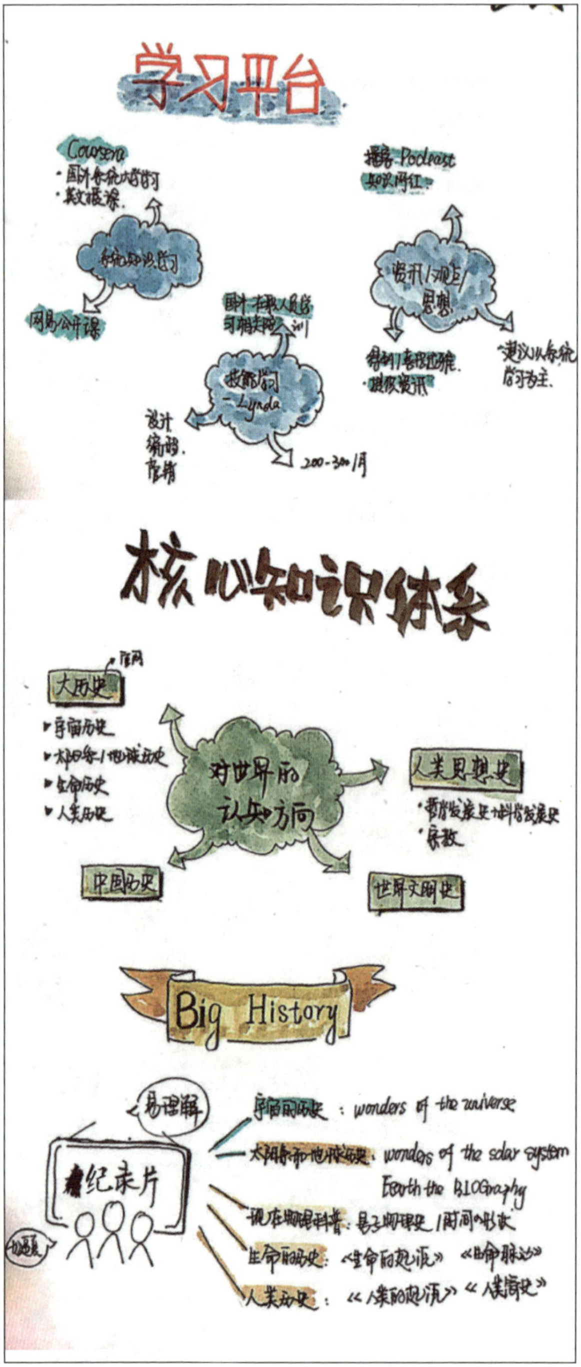

从整体看来，这些内容不会过于花哨，颜色使用上也不会过于零散。不过需要

注意的是，在使用一种颜色时，需要区分信息的层级，比如用颜色将标题与正文的部分区分开来，最简单的方式就是将标题进行上色，这样其他人在看的时候，可以通过颜色强调找到这个部分的标题。为了更好地区分一二级层级，还可以采用另一种方式就是在颜色面积上进行把握，一级内容颜色面积大一些，二级内容颜色面积小一些。

不同颜色区分不同层级

前面的几种方法似乎都用不到 8.1 小节中讲到的色彩搭配，那色彩搭配用在哪里呢？让我们来看下面这篇《冒泡部落》笔记。

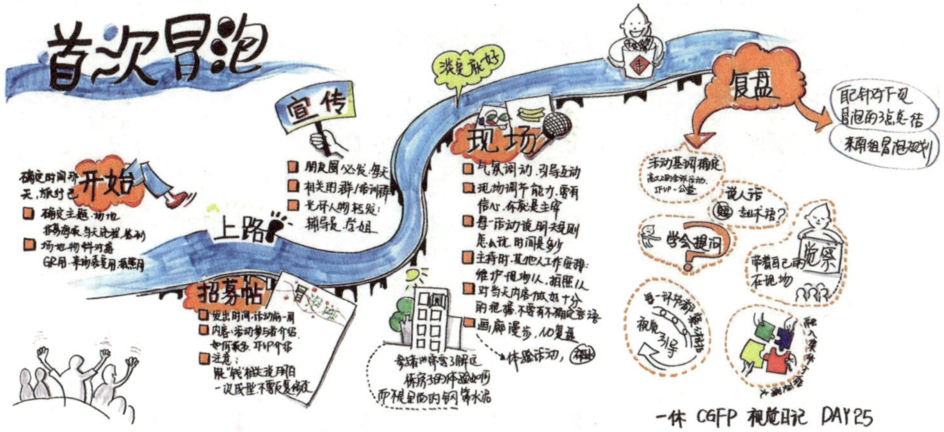

在图中，主色调使用蓝色，辅助色则使用橘色，而且，在主标题以及有很大面积的路径上使用了蓝色，二级标题“开始”“招募贴”“现场”“复盘”等使用了橘色；这样一级标题和二级标题就会区分开来，这样的上色方式会让整个画面非常统一。

在多色搭配时，还会遇到另外一个问题：知道了橙色和蓝色可以搭配在一起，要先涂哪一个颜色呢？两个颜色之间哪个涂得多哪个涂得少呢？

还是以刚才的《冒泡部落》为例，在使用这种方法时，我们需要把握一个大的原则——先主后辅再点缀，何为主？何为辅？主——主色调，即一篇笔记给人的第一感觉是什么，在《冒泡部落》笔记中，主色调就是蓝色，也可以简单理解为画面中颜色面积最多的是什么，主色调就是什么。那么辅助色呢？可以简单理解为除了主色调之外次多的颜色，在示例的笔记中，橘色即为辅助色。

所以在使用不同颜色区分层级这种方法时，首先需要做的是选择好合适的颜色搭配，是补色还是同类？补色是选择蓝橘，红绿还是黄紫？选择好了之后需要确认哪个是主色调？哪个为辅助色，然后按照层级的不同将内容区分开来。

可能你要问了“再点缀”是什么？点缀就是除了主色和辅助色之外的一些小面积用来点缀的颜色，如个别图像等。在涂完主色和辅助色后，最后进行小的色彩点缀，点缀色可以是多个，也可以是一个。注：“色不过三”指的是画面中整体的颜色，不包含小的点缀色彩。

以上就是色彩在实际使用时的一些方法——在给某一具体图像上色时，既可以给物体本身上色，也可以使用背景色；在色彩搭配时，可以选用不同的颜色区分不同的信息内容，还可以根据用不同的信息区分信息层级。无论是哪一种方法，色彩本身都是为了更好的区分信息，让内容更加简洁明了。

8.4 如何让你的笔记与众不同

在前面的章节中，介绍了很多视觉笔记的详细内容，小到视觉元素，大到一篇笔记详细的步骤，这些工具像一个资料库，你可以随时随地拿来使用。但这并不是唯一的答案，视觉笔记是一个创造性的过程，你可以在笔记中加入自己的想法，建立起属于自己的视觉笔记体系。

建立属于自己的视觉笔记系统的好处是，在记录的时候速度可以更快，不用每一篇视觉笔记开始前都要去想，这个标题怎么画？使用什么样的构图？选择什么样的色彩？熟练总结出自己最得心应手的一套内容，才算得上是真正属于自己的内容，以下是我的视觉笔记体系中经常用到的类别：

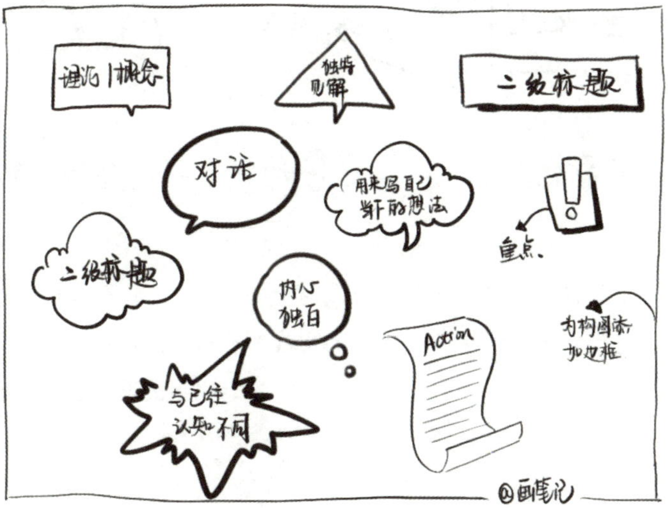

不仅是单独的元素，构图时也可以采用固定的表达方式，如每天练习的小创作中的构图，都遵循了固定的版式；除了笔记中出现的人物，都可以尽量固定下来，如本书中出现的人物造型，基本延续了小腮红的各种姿态，如下图。

这样的好处是，随着作品输出的越来越多，会慢慢形成自己的风格，画出的笔记会带有自己的特点。除了以上细节，签名方式也可以设计具有自己特色的内容，如表格、Z 字形或其他风格。

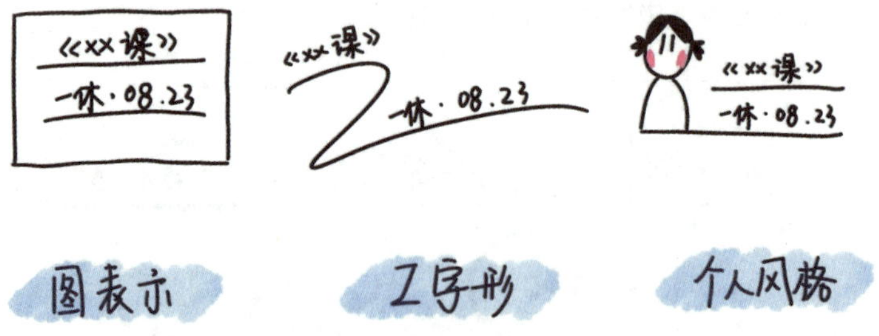

以上是能够让自己的视觉笔记风格别具一格的一些小方法，想要画出自己的风格是件日积月累的事情，需要在大量的实践中不断探索，这期间可能需要尝试大量的风格，输出非常多的作品，也只有这样，才能找到最适合自己，最与众不同的风格。

1 **视觉笔记常见的色彩知识有哪些？**

文字均以深色系来展示，同时也要注意几个禁忌色，如不要用深色系作为底色，尽量避免大面积的红色以及使用黄色写文字；可以通过给物体加阴影的方式让图像变得有立体感；在面向他人的笔记中，尽量考虑到色彩的风格。

2 **如何搭配色彩？**

初学者建议使用单色系，熟练掌握之后可以慢慢过渡到多色。色彩搭配时可以使用互补色，常见的补色有：蓝橙、红绿、黄紫。

3 **如何让自己的视觉笔记与众不同？**

建立自己的视觉笔记系统：人物、边框、签名乃至构图，都可以慢慢建立自己的特色。

回顾本章所讲，你最喜欢哪种上色方式呢？不妨尝试着给身边 5 米内的物体涂一下颜色？

作业点评

初学者在上色的时候经常遇到的问题有以下几点：上色不均，留有空白，色彩溢出边界，色彩参差不齐等。以上这些问题都是在学习初期，对笔的用法掌握不够熟练造成的。

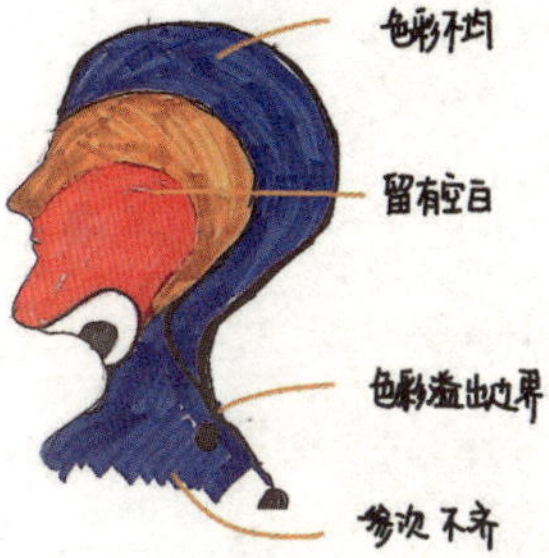

马克笔的具体用法可以参照右图。以 touch 品牌的马克笔为例，当上色面积颜色较大时，建议用马克笔的粗头；上色面积较小时，则可以使用马克笔的侧峰或者用圆头的一边。马克笔的特性是当上色第一遍时颜色较浅，再次上色后颜色会变深。无论是粗还是细，上色时可以参考如下方式：

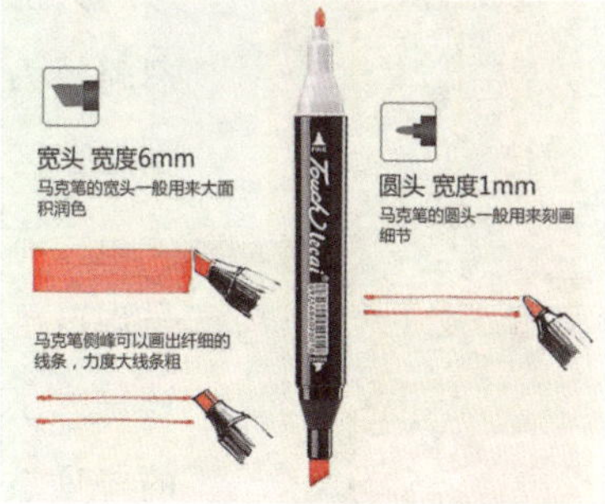

① 用马克笔圆头将图像外轮廓描边，注意描边时尽量在物体边缘线以内；

② 使用宽头进行平涂，平涂时尽量一笔涂完，不要出现中断；

③ 依次平涂，保持每一笔都是平行的，尽量不要产生重叠；

④ 用马克笔的圆头填充未填满的缝隙。

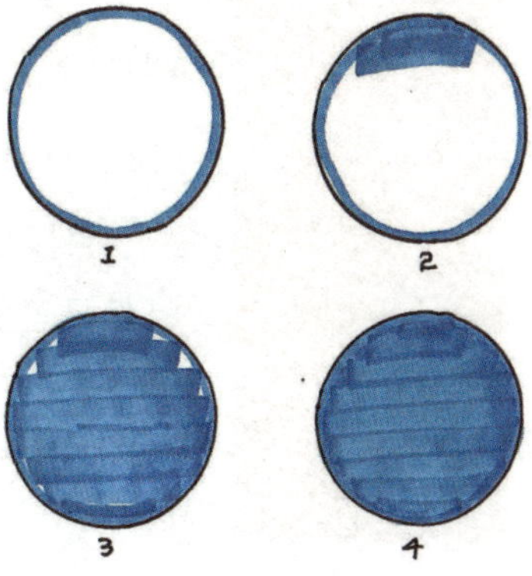

一个网址，学会视觉笔记

到目前为止，我们已经学习了如何完成一篇视觉笔记，也讲了一篇好的视觉笔记的ABC法则，那么是不是就可以开始画一篇视觉笔记了呢？在开始之前，建议好好考虑如下的“www”：

why

who

where

大部分人在画笔记时，往往会比较关注怎么画，会忽略掉为什么要这样画，视觉笔记的初心非常重要，特别是在这个碎片化时代，为什么会花费一两个小时的时间去将一本书的内容“画”出来？为什么选择视觉笔记来呈现自己要讲的内容？是为了自己更好地了解某一内容，还是为了跟更多人一起分享，还是想把视觉化作为自己的一项技能去获取更多机会？初心不同，画出的内容就会不一样，所以why很重要。

了解清楚了自己的“why”，然后要搞清楚自己的视觉笔记的“who”和“where”。视觉笔记是面向哪类人群？如果只是用于自己整理思路，或记录内容，按照自己可以理解的方式去记录就可以，因为看笔记的是自己；但是若面向的是某一特殊群体，如群内分享、线下分享或客户，又或者公司领导或同事，要展示的点又会不一样，展示的方式也会不同。

了解了“why”和“who”之后，“where”就容易很多。若是自己使用，平时的笔记本和纸张即可；若是公司会议，最好选择空间比较大的地方，如会议室白板，再如专门为视觉会议准备的大型纸张等；若是与人分享，则要考虑方便分享传播的途径等。

以上，就是画笔记之前要考虑的“www”。

了解清楚画笔记的“www”之后，就可以按照画笔记 IMAGE 五步法将内容呈现出来，之后再按照画笔记的 ABC 法则检查自己的视觉笔记是否合格。这一整套流程，可以用一个网址归纳出来：

www.image.abc

从此以后，要画视觉笔记，就可以通过这样一个网址来构思。你会发现，当你把这个网址的功课做好，要画出一篇不错的视觉笔记，一点都不难。

一个网址，学会视觉笔记

IMAGE

Image五步法的各个部分：

I：归纳整理（Inductive data）

M：选择构图（Model selection）

A：添加文字（Add text）

G：设计图像（Graphic design）

E：强调重点（Emphasize points）

IMAGE五步法可以让初学者从0到1完成一篇视觉笔记，在右图中，是IMAGE的每一部分的细节用法。初学者可以根据此步骤步步完成视觉笔记。

→

Inductive Data

归纳整理

我们通过阅读或者聆听时可以收集到大量的零散信息，需要将这些信息重新归纳整理成新的信息组。

Model Selection

选择构图

整理好的信息之间，会存在不同的关系：总分、对比、递进、时间，需要根据信息之间的关系选择合适的构图表达呈现信息。

I 归纳整理 → M 选择构图

常见信息结构

构成／对比／时间
递进／分组

常见构图

按照方向／中心放射式
模块化／路径型
隐喻构图

文字 →  → 

Add Text	Graphic Design	Emphasize Points
添加文字	设计图像	强调重点
将具体的信息通过书写文字的方式呈现到纸面上，一篇视觉笔记的核心是文字部分，文字能够最为直观准确地表达内容。	在一些关键信息／重点信息上，可以加入图像来强化内容，增强记忆与展现，图像一定是与信息相关的内容，并非为了装饰而存在。	色彩在视觉笔记中，不仅起到了美化的作用，更重要的作用在于，可以通过色彩的强调，让最想要传达的信息第一时间显现在观看者眼前。
A 添加文字	G 设计图像	E 强调重点
文字法则	图像原则	色彩原则
字迹工整，清晰易读 项目符号使用 文字层级／标题写法	表达想法而非艺术 不要为了视觉而视觉	视觉笔记色彩知识 色彩使用中的禁忌色 色彩搭配原则

应用篇

万事万物皆可画笔记

在这一篇

将会在视觉笔记的基础上分享更多视觉化应用，视觉笔记不仅可以用在记录笔记上，更可以将这种方式应用于我们的工作中、学习中，乃至亲子教育中。

点亮

第9章

运用视觉让自己在职场“火”起来

“

经常有人问我：

“学了视觉笔记能做啥？这个只能做个爱好自己画一画，工作上用应该不行吧？我想把它用到工作中该如何操作呢？”

我想跟大家传达的一个观点是，视觉笔记只是一项技能，并不局限于用在哪里，就好比学英语，你可以用来工作、读外文原著、出国旅行、与外国人交流甚至教自己的孩子。做到这些的根源在于——你会这项技能，并能熟悉地将其嫁接在不同的环境中，抓住不同环境中对它的需求，甚至能创造需求。

在这一章节，将分享视觉思维在工作中的几种方式，无论是做会议记录、工作总结还是工作创新，视觉化都会助你一臂之力。

”

9.1 把无聊的会议变成展现自己能力的良机

你遇到过这样的会议吗：

开会没有明确目标，大家想说什么就说什么，一不小心就离题了。

明明在说同一件事，但是每个人的认知和理解都不一样。

无法得出结论：好像说了很多解决方法，但是到最后总结的时候好像哪一条也不对……

永远有一些人在边开会边做其他的……

发出去的会议记录没人看，似乎没有发生过……

如果你的会议也存在上面的这些问题，那就善用会议室的白板吧，你可能会觉得奇怪：会议跟白板有什么关系？我们要白板用来做什么呢？答案是视觉化你的会议！视觉化不仅可以用来画读书笔记，画听课笔记，开会时同样适用！

会议可视化的好处

1．看见整个会议

将会议内容可视化出来后，可以不断地向大家提示开会过程的“全貌”，也就是大家都能拥有“全景思维”，在一张白板上就可以看到开会的主要内容，同时重点内容也不会被错过；目前会议进行到什么阶段，还有那些内容没有讨论，都会一目了然的呈现在纸上；会议结束后，整个会议内容都可以同步给到所有的与会人员。

2．讨论更加集中

每个发言者都会看到自己的发言被写在了白板上，自然会更加融入讨论的过程当中，整个会议的参与度也会提高；而且，每个发言者之间的内容也都看得见，不会因为走神而错过一些精彩发言；更重要的是，只要把当天的会议主题和目标可视化出来，开会时就不会出现跑题的现象。

开始你的视觉会议

在会议中使用视觉化属于我们在开篇时提到的即时型记录方式，画笔记中讲到的逻辑、文字、图像、重点部分的内容同样适用于视觉会议；与画笔记不同的是，在记录之前，我们并不知道会议的内容是什么，尤其是一些经过讨论出来的会议，所以并不需要完全遵守 image 五步法来完成，视觉笔记应用于会议中时，无须考虑过多的构图部分的内容，根据会议进行自左向右地记录即可。在美国，这种形式早已被普及，如果你觉得这样使用稍有压力，也可以直接套用可视化的模板。

可以直接套用的会议模版

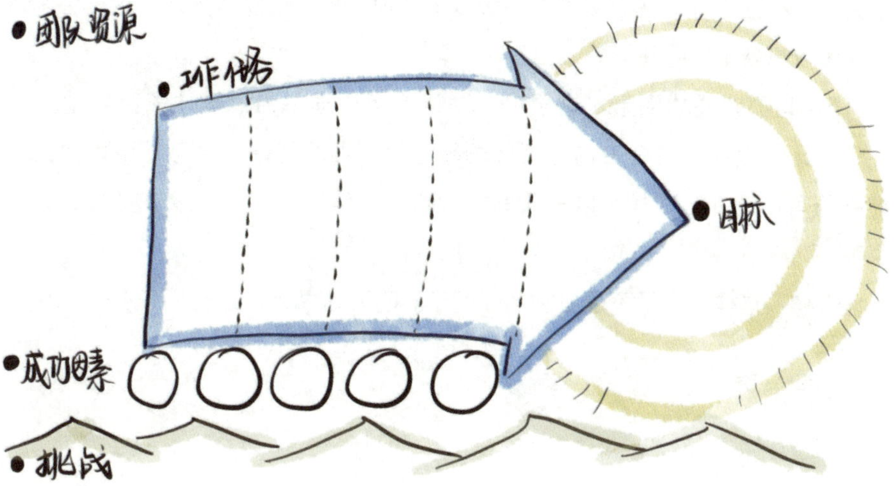

上图中的模板是 Grove 咨询公司中最受欢迎的。这个模版创建于 2008 年，截至现在，已在全球很多大型公司进行应用，如 IBM。它也被称为彩虹图，在彩虹末端的金子旁边，有一个地方用来标出你的目标；另一个大箭头提供了空间，用来写上想获得哪些金子，即你需要做的工作和任务。这个箭头在一座座具有挑战性的山峰上掠过。在使用时，具体的操作如下：

（1）**暖身。先看看你有哪些团队资源**：在图像的左侧列出团队中有什么人，谁是主事人，需要争取哪些资源，已经到位的资源有哪些，没到位的资源存在哪些限制条件。抛出这些问题的原因是让与会人员了解他们要在什么地方努力。

（2）**厘清目标。制定清晰的目标挑战，这是最为重要的一步**。一个目标足够清晰，才能让人准确地完成目标。比如在 6 月 3 日前完成《画笔记》一书的初稿，在 5 月底给华侨城的创新项目做视觉记录等。

（3）**标明工作任务**。当你明确了一个清晰的标靶以及它的相关目标，就可能已经在大箭头里呈现一些相关的工作任务，这时需要大家进行讨论达成这些目标，需要采用哪些方法，当你讨论到一种方法时，就把它写进去。

（4）**标明挑战**。一项工作在完成过程中，总会遇到一些特殊情况发生，如 xx 事情会有什么阻力等，在小山坡地平线以下的地方把它们都写下来，这样会刺激更多的思考以想到更多的任务。

（5）**有哪些成功因素**。这里的成功因素可以理解为怎样才能更好地完成工作任务。比如我在 6 月 3 日前完成《画笔记》一书的初稿这个目标中，要去“制订详细的写作计划”“找可以一起写书的合作伙伴”“写完一章节就拿给编辑审核”等。

怎么样？这样开会是不是更加清晰明了。明天如果你有会议，不妨试一下。

9.2 工作总结想要创新？一张图告诉老板

每年年底，似乎都是大家最忙的时候，在所有的忙事儿里面，一定会有一件事要做——写年终总结。几乎每个年底，我都会收到不同的人向我咨询一样的问题：

——你那里有没有好看的 PPT 模版啊……

——你那里有没有好看的 PPT 模版啊……

——你那里有没有好看的 PPT 模版啊……

如果你也曾为这个问题揪心过，不妨试着脱离 PPT，用别出心裁的方式为自己的年终报告加加分。别出心裁的方式是什么呢？可以尝试画笔记。下图就是我自己的某年年终总结的部分内容：汇报的过程被分为了四大部分，每一个小环节都放了用来说明的详细内容。当然，这只是一个大的概括，但是正是这个大的总结，将一个项目的重点在一张纸上表现出来。试想一下，在众多冗长沉闷的文字汇报中，突然有这么一张简洁又能说明问题的总结图出现，是不是会让人耳目一新印象深刻呢？

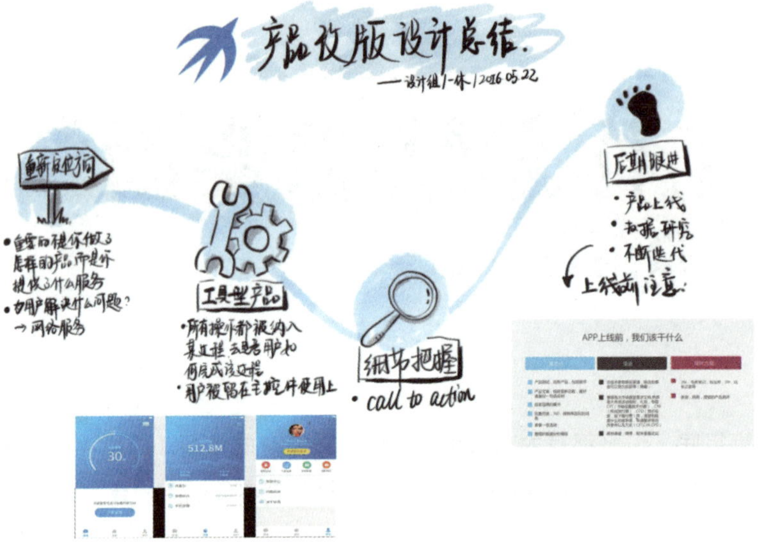

当然，不仅仅是年终总结，如果碰到一些比较重点的项目需要汇报，用于展示，都可以通过视觉笔记的方式进行。以上的内容只是单纯的罗列信息，在实际记录时，也可以按照每月工作内容进行整理，也就是使用流程式。一些需要展示的 PPT，也可以尽情使用视觉的方式来进行，比如下图《工作汇报》就是画笔记学堂学员的作品。

除了工作汇报，每个人的个人总结也可以这样完成，将一年中最重要的事情进行图示化表达。如下面《2016 上半年》这篇笔记，读了 16 本书，进行视觉引导练习 130 小时，工作总结写了 5 篇，公众号写作 20 篇，记录晨间日记 153 天，运动 40 小时，尝试了 7 次之前没有做过的事情以及结婚。

用一张图画出一年的工作成果，你学会了吗？接下来，不妨尝试画出自己的一个月总结吧。

9.3 工作创新新思路——纸片动漫

如果你的公司有一个新品想要发布，但是又没有太多钱去请大牌的明星，你会怎么办呢？我在刚参加工作时就遇到了这样的工作安排。值得庆幸的是，视觉化可以派上用场，这就是我之前提到的通过视觉化工作来做创新。你可能会在想，视觉笔记对于大多数笔记来说就挺创新的了，还要怎么创新？这里的创新指的不是画风形式的创新，而是展示的方式，比如之前我们停留在纸上，现在将单纯的画通过视频方式呈现。这种方式还有个更加专业的名字——纸片动漫。

乍听起来是一件工程量巨大的事情，其实我们接到的需求是给公司要发布的新品电视做推广，所以我们花了一点时间去研究产品的功能，然后将这些功能视觉化，最后在视频中以对话的形式将这些内容传达出来。

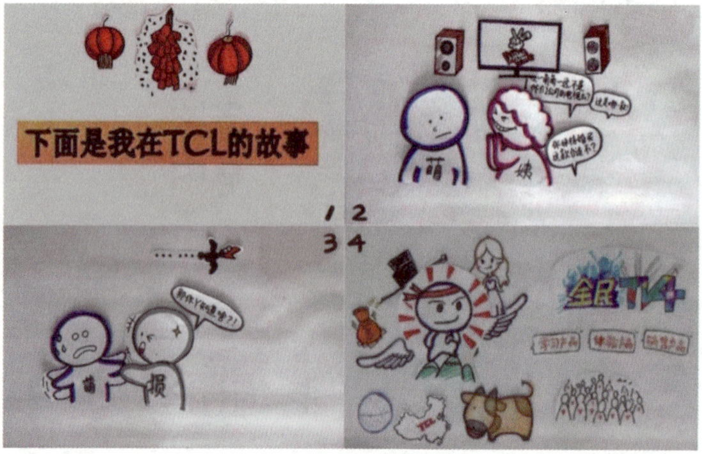

如果这个视频放到现在来拍摄效果会好很多，因为 2014 年的时候并没有很多的手机拍摄软件，所以在当时。这样的创意领导给予高度表扬，而且市场反响很不错。后来这种方式被我运用地越来越熟练，2016 年底，我用这种方式进行了个人自我总结。

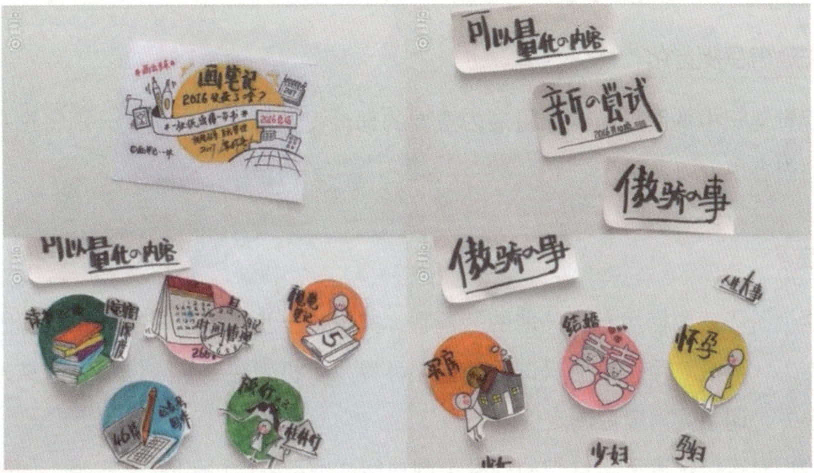

视频观看

以上这 2 个视频，可通过搜索微信公众号“画笔记”，输入“纸片动漫”观看。

在生活中，有很多场景也可以以这样方式来呈现。画笔记课堂上就有很多不错的视频作品：有一个学员给爸爸贺寿时，用纸片动漫的方式表达自己的祝福；豆芽乖乖是一位妈妈，就通过纸片动漫告诉孩子一些儿童安全教育的内容；环境工作者 ICE 通过纸片动漫向我们讲解她眼里的蜘蛛等。可能你会好奇，如果我想要做一个这样的视频，要如何开始呢？

无论是什么主题的内容，大多都要经过以下的步骤：

1．确认主题

这是最开始的第一步，选择主题可以让你更快地展开行动。事实上，任何主题的内容都可以这样来进行，如上面的 TCL 电视产品介绍、年终个人总结、某一地方的美食介绍，甚至你的个人经历在哪里拍摄。

2. 编写脚本

脚本就是视频的“故事线”，可以理解为视觉笔记的信息归类，整个视频分成几个部分，每一部分传达什么内容。建议故事不要太长，尽量控制在 1 ~ 2 分钟即可。

3. 关键信息视觉化

视觉笔记中的图像转换，将最为重要的部分视觉化出来，然后分别将这些视觉化后的内容用剪刀剪下来。

4. 拍摄

这个阶段就要借用一些其他的装备帮你完成这一步：用于拍摄的手机和固定手机的支架，不建议用手拿手机进行拍摄，尽量将手机固定到某一位置，选择光线较好的地方，调整好角度后固定住就可以了。

拍摄时可以选用手机自带的视频录制功能，也可以通过 APP 来实现，如美拍、VUE 等；拍摄大多数情况下不会一次通过，可以配合 APP 本身的拍摄方法进行。

根据需要，选择是否在录制时同步语音。比较简单的方式是边录制视频边同步语音，这样画面与视频是同步的，也会免去后期再去录音，语音合成视频的麻烦。

5. 后期处理

可以通过软件对标题、音乐进行制作。

到这里为止，整个小视频的制作就结束了，如果你还没有灵感，可以先看一些其他伙伴的作品找找感觉。

我收纳了画笔记课堂上的一些视频作品供大家参考，在微信公众号“画笔记”输入“会动的画笔记”即可观看。

你最近有什么事情可以拿来拍摄视频呢?

——像 TCL 一样的产品介绍?

——跟孩子的一个有趣问答?

——跟男朋友的恋爱史?

——一个课程的介绍?

——结合孩子照片做一份礼物?

作业点评

在豆芽乖乖的作品《儿童安全教育》里，非常巧妙地使用了牛皮纸本子的背面作为背景色，小元素在裁剪的时候都留有白边，所以整体上看起来非常醒目；整体内容的讲述也很流畅。美中不足的地方：拍摄环境稍微有些吵闹，纸片在进场的时候尽量从左侧或者下方上推的方式，以免手部遮挡住内容。

第 10 章

用一张图画出一本书

读书，是信息的输入；画读书笔记，是信息加工后的输出。

如果你觉得每次读书读了后面忘了前面，如果你觉得读完一本书后都不记住，如果你觉得读完书后对自己帮助不大，那么你可以试一下把你的笔记“画”出来。

10.1 如何做到一张图画出一本书

第一次在朋友圈发起这个话题的时候，很多人觉得太难了。这么厚的一本书，怎么能通过一张图画出来呢？

华罗庚曾说读书就是一个“由厚变薄”的过程。我们必须把已经学过的东西咀嚼消化，组织整理，反复推敲，融会贯通，这本书就“由厚变薄”了。我们一张图画出的并不是书的全部，正是这个“薄”的部分——经过自己内在消化后的内容。

很多人画笔记时，还保留着在学校记笔记的思维，喜欢将作者的观点一字不漏地记录下来，画笔记也只是“图示化翻译”记录厚的内容而已。这样的做法，自然做不到“一张纸画出一本书”，而且这样的记录方式也是无意义的。为什么这样说？对于职场人士而言，不能带来回报的学习就是没有意义的。这也是为什么在第 3 章讲 ABC 法则的原因。

一张纸画出一本书，具体要如何操作呢？

在方法篇中，用了大量的文字来详述画笔记 IMAGE 五步法。画书时，IMAGE 五步法同样适用。不同的是，在运用 IMAGE 方法之前，有一个输入过程，即阅读。

阅读的部分，根据个人的读书习惯来进行，无论是精读还是略读，都需要了解书中的基本内容。我个人的习惯是：精读一本书时，通常都会准备一张白纸或使用便利贴，每一章读完之后，都会将重点内容写在上面，当然只是记录二级标题，不会写得很详细；将写完的便利贴贴在书的最后一页，如图（a）所示；若是略读，则会采用思维导图将内容罗列下来，重点的地方就换颜色标注，如图（b）所示。

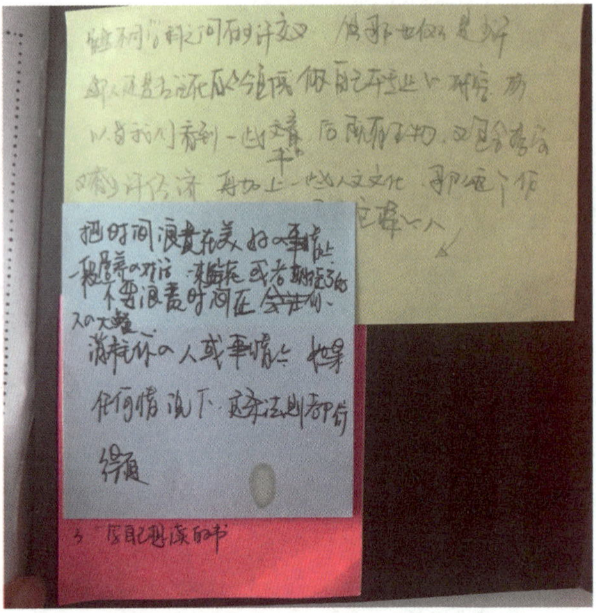

▲使用便签纸记录重点内容（a）

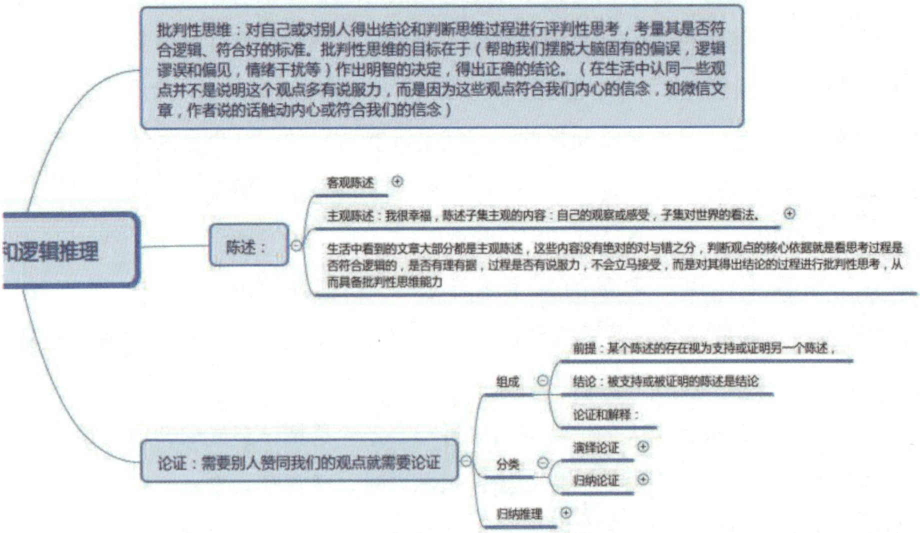

▲用思维导图整体重点内容（b）

这个过程，其实也是对书中内容归纳整理的过程。实际操作时，可以配合目录加以辅助，通过目录查漏补缺。这种形式的读书笔记，将书中所有内容一一列出，分享时方便他人了解整本书的全貌，自己也可以根据笔记快速回忆起书中内容。进行这样的视觉化笔记后，我们对书的主体内容有整体的把握，信息之间的结构也会更加清晰。

接下来就可以按照 IMAGE 五步法将内容呈现出来。

I：归纳整理。对于一本书来说，归纳整理的部分十分复杂，第一种方法可以参考第 4 章中介绍的使用目录的方式对内容进行大的概括。使用目录结构来归纳内容的弊端在于会跟随书的整体内容进行记录，无法专注于提炼对自己有用的信息，但可以通过全面的读书笔记回顾书中的每一个知识点。

对于书籍内容的归纳整理，第二种方法是专注于对自己有用的信息，下一小节内容会讲述具体的方法。

M：选择构图。构图的部分可以配合笔记的使用场合来进行。若画完的笔记在手机上呈现，如微信公众号、简书等，则可以选择竖向构图；若是线下分享需借助于 PPT 等展示方式，则可以选择横向构图。关于手机长图如何制作，将在本章的最后一小节详细讲述。构图时，可以先用铅笔在笔记本或纸上勾出大概的轮廓，比如放射构图，标题在哪里，每一模块在哪里等。

A：添加文字。确认构图后开始填充文字，从大标题开始，每个模块依次进行；大标题可以直接复制图书封面上的书名，方便快捷又具有代表性。

G：设计图像。画读书笔记时，属于非即时型创作，有大把时间斟酌图像呈现，没有了即时型笔记时间上的紧迫感，所以画书时每一模块的文字和图像可以同步进行。

E：强调重点。最后一步，可以使用颜色将最重要的内容呈现出来。

10.2 画笔记的价值在于学以致用

“写读书笔记的窍门，简单来讲，就是要彻底专注于‘对自己很重要的事情’……读书的重点是自己认为哪些内容重要，并将其彻底消化掉……哪怕是一句话，只要写的是发自内心的语句，那么这次读书笔记就是有意义的。”

——《如何阅读一本书》

上一小节我们讲了归纳整理的第一种方法，现在我会通过读《小狗钱钱》这本书为例来讲第 2 种方法——如何专注于对自己有用的信息。

读完《小狗钱钱》后，我做了如下的读书笔记：

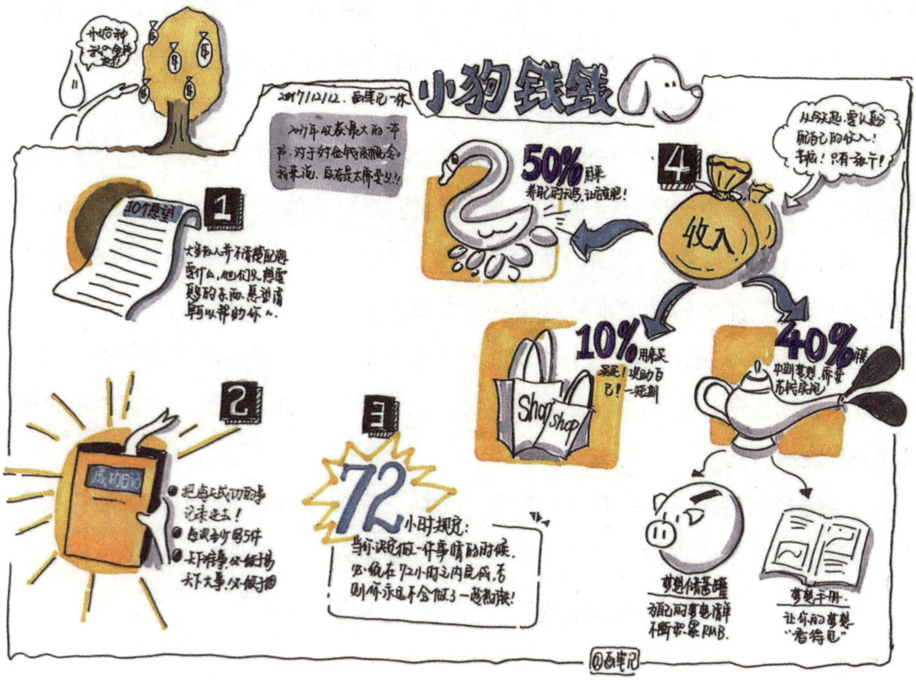

读完《小狗钱钱》的画笔记后，我收获最大的几个地方是：

（1）通过笔记中的指引 1、2、3、4 可以看到笔记主要分成 4 个部分，也就是读完这本书后我觉得对自己最有用的 4 个部分，分别是写成功日记，列出梦想清单，分配自己的金钱比例，72 小时法则四个部分；我的画笔记就按照这个部分来进行，并且把书中所教的方法加入到我的日常生活中。

比如：分配自己的金钱，除了必要的生活开支以外，将自己的金钱分成 3 部分，其中 50% 用来存储（即小金鹅），这部分钱我是不可以去动的，就如《小狗钱钱》书中所说，一定要养着自己的金鹅，让它不断下金蛋，产生更多的收入；40% 用来满足自己近期的小愿望，如参加一些课程给自己充电，或者为下一次旅行储备资金等；还有 10% 用来给自己买、买、买，要学会挣钱，但是也要会花钱，当作每个阶段对自己的小奖励。

（2）写成功日记。其实我从 2013 年就开始写成功日记，每天都写，一开始的时候是在晨间日记中，每天都会记录 3 ~ 5 件，后来开始玩手账之后就记录在手账本中，从单纯的写字变成了画画，过些日子就拿出来看看，看到自己有那么多成功的事情，顿时就会正能量满满！

（3）**列出梦想清单。**梦想清单每年都会做，已经持续了 3 年，进一步探索，看看自己在梦想清单上还有哪些可能，是否可以跟更多的人一起完成梦想清单？

（4）**72 小时法则。**想到的事情就去做，因为我知道，如果一件事在 72 小时之内没有去做，那之后就很难再做了，并且把这个方法传达给更多的人。

因为看了这本书，我从一个月光族开始慢慢积累，慢慢养起了自己的小金鹅，这也成了我的金融启蒙之书，而这篇笔记，也被我分享给了许多人，这本书也被列入我的年度推荐之一。

这里需要提醒大家：在具体做信息记录时，需要了解清楚受众是谁后再展开记录，当笔记内容是呈现给自己时，可以本着“学以致用”的原则；但是当内容是面向其他人时，则需要将全面记录这一点纳入考虑范围之中。

10.3 举一反三：一张图画出一堂课

随着知识经济时代来临，越来越多的人意识到学习充电的重要性，很多人开始摆脱“毕业就不用再学习”的想法，转而成为一个“终身学习者”。画笔记 IMAGE 五步法同样适用于做学习笔记，不同的是，输入的方式有所差异。读书时，我们是用眼睛来看；而听课时，我们主要是用耳朵来听。这里的“听”，不仅仅是听课，同样适用于开会、听报告、听演讲等。在聆听时，我们要注意哪些方面呢？

听“结构”

一般的演讲或课程在开始前，老师或演讲者经常会先跟大家聊整个课程或者演讲的结构，也就是在前面提到的 governing。比如老师会说，我们的课程总共有 xx 部分，或者今天的内容有几点：首先，我认为 xx 有以下几点，这些点说明了 xx 问题，又或者完成 xx 事情的方法有以下几个等。这些信息，就是整篇笔记的结构。在开始时，要有这样的意识，根据这些信息来确认整体的笔记分成几个部分，每个部分的用纸等。

听“链词语”

在一般的课程或会议当中，经常会出现“我对这个问题的看法是……”“先从结论说起”等，这类词语或者句子就是在聆听时的“链接词”，这类词后面会出现很多“关键词”。同样的内容还有“首先”“其次”“第一点”等，这类词出现后，后面经常跟一些关键内容。

听“关键词”

当课程或演讲的重点信息出现时，一些有经验的老师经常会说的是“这点大家一定要注意”“特别强调的是”“敲黑板的时候到了”之类的语句，一般情况下，当这类词出现时，往往后面会跟出演讲的结构或“关键词”。另外，我们也可以从一些“最开始”“后来”“最后”等词语去确定演讲的节奏。

听“语气与语速”

一般情况下，若出现演讲者情绪高昂，突然放慢速度或声音突然大起来，这往往是重点出现的前奏或重点已经出现，一些反复出现的词语或句子也都有可能是重点。

听“共性”

不同演讲之间存在很多共性，我们可以从这方面去推断自己接下来要听的内容属于哪个分类，从而更好地把握内容。比如一些公益论坛的内容，往往都会呼吁社会，提倡做一些事情，如保护环境、尊老爱幼等，演讲前面会举很多例子或说明很多事实，但是结尾一般都会去倡导主题，比如“让我们一起保护环境”“尊老爱幼，从己做起”，这些在你的视觉笔记中，一定要去强调这些部分。比如 TED 的各种演讲，有时候会通过自己或别人的经历来说明一个道理，这个道理就是我们要着重记录的部分。再就是一些会议类型，尤其是公司会议，大多脱离不了“我要说的事情有以下这几点”“今天的议题有 3 个”等。

以上就是在“听”的时候一些小的技巧，听完这些信息之后，就可以按照 IMAGE 五步法来依次画出笔记。给画笔记 er 的一个建议就是，尽量做非即时型笔记，建议先听课，后整理（开课时认真听课，课后整理也是对课程内容的再次总结）。

10.4 如何将纸质内容电子化

刚开始在手机上分享自己读书笔记时，小伙伴们留言最多的有两个问题：①怎么画出来；②画出来的东西怎么跟扫描出来的一样?

其实笔记就是经过了扫描才分享给大家的，经过扫描后的内容更加清晰、干净，画面也整齐很多。不过，为了画笔记去买一个扫描仪多少都有些浪费，而且扫描仪用起来也非常不方便，若是遇上出门在外，还必须把笔记带回家才可以扫描。其实没有扫描仪，我们也可以完成这部分工作。我们用一个简单的 APP 就可以搞定扫描仪的工作，虽然扫出来的东西无法与扫描仪相媲美，但是对于画笔记来说，足够了。

这个 APP 是什么呢？就是扫描全能王。

安卓和 iOS 系统的手机都可以下载安装，使用方法非常简单，点击拍照，对准想要扫描的文件，拍照后选取画面位置即可。下面这两张图就是先拍照后扫描的效果。

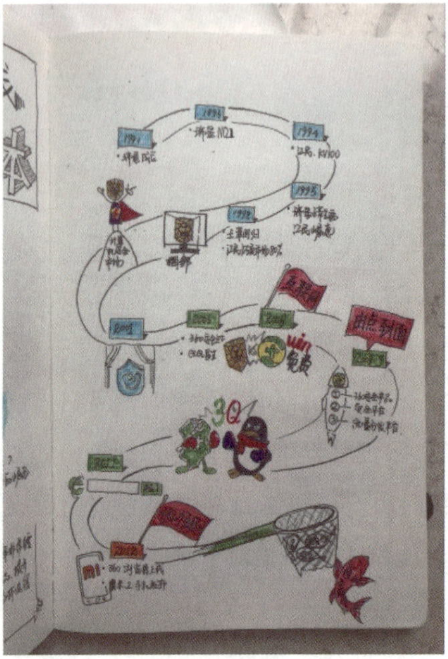

▲照片拍照效果

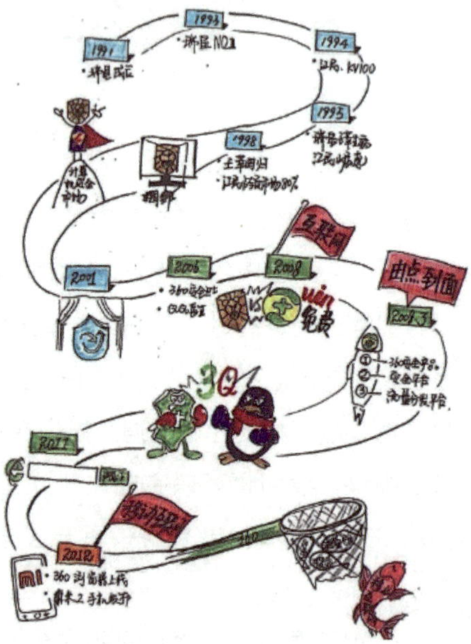

▲扫描完效果

看下面左图，大家会发现这张图很长，这么长的图怎么实现的呢？方法也非常简单，具体操作如下面右图。首先将画好的笔记用扫描全能王拍照，然后使用拼图软件拼接起来即可，一般的图像软件都可以拼图，如美图秀秀。

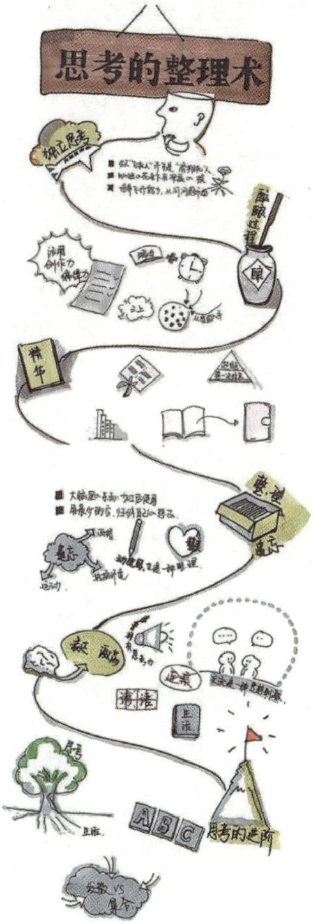

▲长图

▲制作方法

你最近在读的一本书是什么？书中有没有让你收获的地方，具体写一写。

作业点评

▲画笔记 6 期 – 孙晓英作品

图为《“偷”师学艺》一书的读书笔记，书中介绍的小方法几乎被全部涵盖其中，书中介绍的各种技巧之间也没有很强的逻辑性，所以选用的模块化构图非常到位。更棒的是，模块化的样式做到了与书结合，标题也直接采用了书的封面样式。因为这本书的内容较少，读起来比较轻松，看到这张图，基本就做到了真正的“一张图读懂一本书”。

在这里尝试画出本章所学吧！

第 11 章

视觉笔记的更多可能

“

在画笔记学堂中，我经常跟大家说的一句话是：希望教会大家的不只是画笔记的技能，而是将画笔记作为一种生活方式，随时随地记录自己的一切。很多伙伴不仅做到了，而且远远超出我的预期，有伙伴因为画笔记开启自己的“斜杠”生活，有些伙伴开始尝试视觉记录，还有更多伙伴开始用便签生活记录自己的点点滴滴，无论是自己生活中的小确幸，还是跟宝宝一起读书、背古诗，他们都能将画笔记融入其中。

这一章节，有画笔记学堂小伙伴的真实案例。视觉笔记不仅让他们提高了自己的能力，更让他们拥有了更多机会。

”

11.1 因视觉笔记成就的“斜杠”人生

北北，本名王晶冰，画笔记第五期学员，清华大学博士后，科研工作者。后来因为一些原因暂时回归家庭，偶然的机会对画笔记产生兴趣，开启了画笔记的“斜杠”人生。

1．最先是怎么对画笔记产生兴趣的

接触视觉化技术应该算比较早了，2011 年，因为做 NGO 的原因，比较早地接触到体验式培训等活动，其中就有一些视觉化引导的东西。同时，因为对时间管理感兴趣，喜欢上了手账，手账中包含了绘画的元素，还有思维导图这样的工具，学习后非常喜欢。

因此，对这方面的东西比较关注，真正涉及“画 + 笔记”，是从《视觉化会议》这本书开始的，从中了解到视觉化的优势和比较专业系统的知识。后来在自己的协作者实践、手账笔记中运用，同时参与了一些培训，比如绘画、笔记术、思维导图、时间管理等。

有一天看到了“画笔记”的课程，是我看到的第一个把画与笔记结合起来归纳总结出体系的课程，就毫不犹豫地参加了。

课程收获也是很大，给了我比较系统的思维指导，也把我之前学习的一些碎片化的东西串起来了。

2．使用画笔记来做什么

目前主要使用画笔记做精读图书的读书笔记，记录一些小确幸，画手账，画一些公众号插图、一图看懂之类的小东西。

3．每天画笔记花费多长时间

工作日大概一个小时左右，周末太忙了，有时候就不画了。如果接了任务，差不多要画到 4—5 小时。

4．平时在哪里搜索灵感

看到一些好的作品，一些好的文章都会用相册或者印象笔记保存起来，有触动我的场景也会马上记录下来，慢慢积累。

5．哪些内容适合拿来画笔记

有一定逻辑关系的，篇幅不是太长的内容适合拿来画笔记。

篇幅长的也不是不可以，而是可能需要很多张笔记才能保留全貌。

6．画笔记后带给我什么

更系统的思考，更自如的表达，还有新的尝试机会，画笔记也有黄金屋啊，嘿嘿。

7．自己是怎么通过画笔记“斜杠”的

学习完课程之后也一直在练习，也喜欢与周边的人分享我的作品，曝光的次数多了，就被很多老板看到了。

8．对要开始画笔记的伙伴有哪些建议

请勇敢开始。零基础不是问题，问题是你有没有决心去做。

画笔记的核心是笔记不是画，画笔记的画是为了表达而生的，是为了帮助读者更容易理解内容。所以画技不是重点，你的逻辑思考和文图转换提炼能力、表达能力才是重点。一定不要跑偏。

练习永远是通向成功的必经之路，不断地、持续地练习才能量变引起质变。

▲北北作品

11.2 “斜杠”新机会——视觉记录师

在第一章中，提及了视觉笔记可以分为即时型和非即时型两种类型。其实即时型记录还有一个更加专业的名字，叫作视觉记录 (Graphic Recording)。

视觉记录师是什么

在右图中我们可以看到，前面有演讲者在演讲，旁边的视觉记录师在同步进行记录，因为是以“图像 + 文字”的形式同步传达演讲者内容，所以视觉记录也叫“视觉同传”，这种工作通常要趴到墙上，业内也称之为“上墙”。

视觉记录最先出现在一些行业交流会或大型演讲当中，如互联网的用户体验大会，TED 演讲等，现在越来越多的人被引入到各种行业的培训课程、公司战略会议等，也有小部分人会用视觉记录来纪念一些特别的时刻，如结婚、公司年会等。随着视觉记录的推广，视觉记录师成为一种新兴的职业。

视觉同传和视觉笔记有哪些不同

根据二者的输出时间、创作场景、使用场合、输入方式、记录尺寸、面向人群、记录内容以及构图方式，我们做一个比较，如下表。

视觉笔记与视觉同传的比较

类别	视觉笔记	视觉同传
输出时间	先听完，再画或边听边画	边听边画，演讲者结束记录应同步结束
创作场景	本子、纸张或软件	铺在墙上的大纸上或 KT 版、瓦楞纸等大型材料
使用场合	读书、听课、思路整理、生活记事均可	演讲、会议、课程培训等
输入方式	聆听 + 阅读，自己的观察或思考	聆听
面向人群	自己或可能分享到人群	会议 / 演讲 / 交流会参与人员
记录内容	自己的归纳总结，可加入自己的思考或想法	忠实于演讲者原话
构图方式	从左向右、中心放射式、模块化、路径型构图以及隐喻构图	一般来说都是从左向右或自上而下

从二者对比中我们可以看出，相对于视觉笔记来说，视觉同传的要求要高出很多。除了对文字图像的转化能力，还需要很强的聆听能力、快速记录能力以及对演讲者重点内容的把握及信息整合能力。虽然要求高出许多，但视觉记录通过一定的练习后是可以胜任的，只要你愿意，就有可能成为你的新技能。

想要尝试视觉记录的伙伴应该从哪里开始呢？这里给出一些建议：

（1）练好视觉笔记，尤其是常用的视觉词汇；

（2）练习聆听的能力；

（3）熟能生巧，不断加快速度。

如果以上 3 点都做到了，那就勇敢迈出第一步吧，尝试从身边开始。比如你听到的一场演讲，或者公司内部会议等。

11.3 每天 5 分钟，成为视觉笔记达人

在画笔记的课堂上，大家最喜欢的节目之一，就是 # 便签纸上的小生活 #，画笔记 er 简称它为“便签生活”，什么是便签生活呢?

便签生活是画笔记学堂命名的画法，将每天生活中有意思的小事情记录到便签纸上，当然也可以用来记录灵感、记录学习，或者当天日程、小确幸等。便签生活需要的装备非常简单，办公室常见的便签，再加上一支笔就够了。很多画笔记 er 都称，自己的包包里除了口红、钥匙、手机，现在多了一些便签纸和一支笔。

▲给妈妈说如何冲泡奶粉

▲我家收到的第一个包裹

▲跟另一半的搞笑对话

每天一幅便签生活，可以督促自己每天练笔，也可以培养自己坚持的习惯，灵感也能随时随地记录，更可以利用碎片化时间，日积月累。如果你想查看更多的 # 便签生活 #，可以在微博搜索话题 # 便签纸上的小生活 # 来查看，在这里，你可以看到大量的便签生活素材。

▲这样装饰的书桌背景墙，别有一番滋味呢

▲二班长的百日金融，每天都会画一个与金融相关的词汇

用便签生活来整理思路，做展示也很不错。以下是对画笔记学堂辅导员种子的采访，种子分享了她如何使用便签生活。

1. 为什么喜欢画便签生活

看右侧的配图，一目了然说明问题。第一点，它是一种有趣的日记方式。我曾经很喜欢记日记，就是那种所谓的“流水账”或是“碎碎念”。写得久了就觉得没意思，渐渐失去写作动力。而画画呢，一是促使我们去寻找有意思的点，这些点有时候是一个念头，有时候是一个场景。现在，每当灵感出现时我会再想一下，如果是在便签纸上，应该怎么画。甚至，如果是我觉得特别重要的点，我会马上记录在手机里面，好有一个外部的提醒。二是因为便签纸呈现生活的方式很有意思，看到的人难免会表示一下惊叹，或你怎么学的呀，或是猜你画的什么呀，这样就增加了互动。

第二点，可以提升画笔记的能力。因为它小，所以通常只能放入一些简单的点。我们在画这些简单的点的时候，就仿佛是在画视觉笔记中的某一个小内容。

第三点，可以隐讳的表达情绪。记得我画第一张便签时，是因为当时发生了一件让我心里不舒服的事，但又没办法去朋友圈“吐槽”。情绪总是需要抒发的，所以我就画了一张特别粗糙的便签《**骑虎难下**》，也从此开启了我的便签纸生活。

第四点，提高自己自信心。每次把便签发到微信群里、朋友圈里，大家对作品的赞美和羡慕，心里别提多美了。

2．在便签生活上，都可以画什么呢

我是从最简单的素材开始画的，比如《麦田 TED 炼成记》，就是用最简单的素材来画的。这种方式比较容易画，因为有素材临摹的作业，所以也是初学者所熟悉的。如果遇到某个事物无从下手可以在搜索引擎中搜索一下。

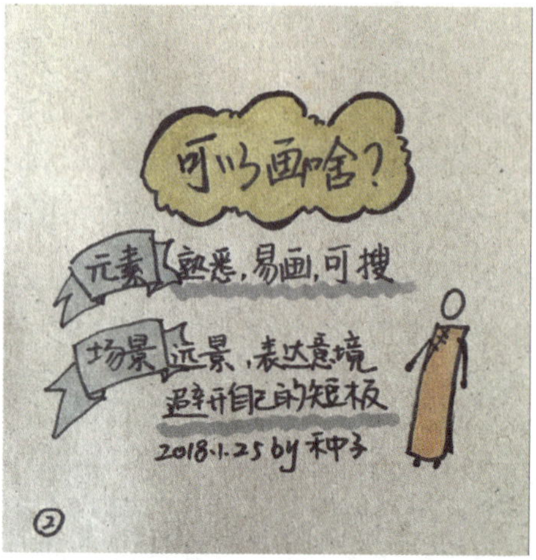

除了画简单的素材外，还可以对场景进行呈现，比如我画的《无问西东》系列。虽然也是素材的集合，但对于整体布局、美感等要求都更高。

3．画的时候要注意什么呢

第一：要勇敢画。这也是一休老师在上课时不断提醒我们的点。勇敢画，加勇敢发出去。当你知道要发出去的时候，会画得更加用心。毕竟谁都希望获得赞美，作品越好，获得赞美的机会肯定就越大。另外，赞美也是鼓励我们更努力学习和坚持下去的动力之一。

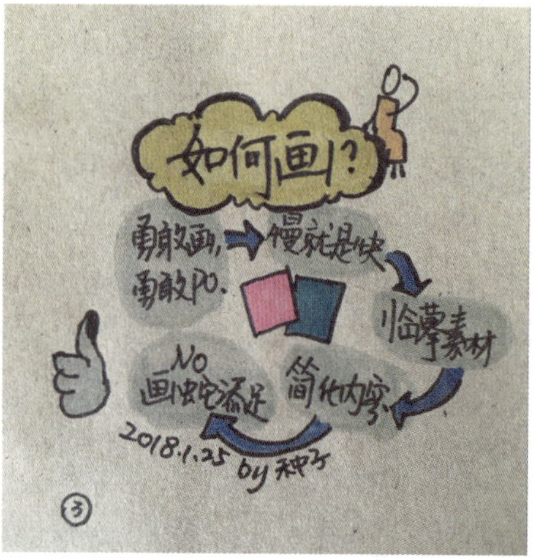

第二："慢就是快"。原来我一直觉得我是没有画画天赋的，所以能不画就不画，免得丢丑。但在学习视觉笔记的过程中，我觉得其实要画好，并不需要特别高深的美术专业技能，重要的是你要静下心来，慢慢地画。通常，"快"就意味着急，就会不稳，也就容易出错。所以静心，"慢"是很重要的。当我们熟练了，得心应手了，速度自然就上去了。

第三：临摹。当遇到一些复杂的场景无法实现或某个想法很难表达的时候，我们可以搜索一下网上是否有相关的画可以临摹。比如我在画**《卫生纸应该扔马桶还是垃圾桶》**的时候，想表达我的纠结，想了很久都不知道怎样画，后来就直接用这句话去百度了一下，就找到了许多跟这个有关的插画、简笔画之类的。然后我就照着其中一幅临摹了。

第四：简化内容。这也是一休老师讲过的，当你要画的东西特别复杂的时候，你可以画一个局部，或者简化它，挑一个重点细节来呈现。

第五：不要画蛇添足。我发现这是我自己常常犯的错误之一。有时候画完一幅画，总是觉得少了点什么，然后就往上添，结果一添，就发现失败了。

4. 如何形成自己的风格

我自己也是初学，想到什么就画什么，想到怎么画就怎么画，还没有形成自己的风格。但想要长期坚持下去的小伙伴，可以想想自己可以形成什么样的风格。

关于风格我想到的几个点：

一是给自己设定一个形象。不知道大家有没有发现，在我的便签纸上，经常会出现一个小黄人，这就是我给自己设定的形象。就是说，当小黄人出现时，那就代表我。而其他人，一般都是用别的颜色，以示区分。当这样的习惯养成之后，看到便签的人也是一看到**小黄人**就知道这人是我了。

二是文风。每个人可能都有自己的文风，严肃的、幽默的、有趣的、温情的……当你在画一个系列的时候，就可以保持一种文风，甚至你所有的便签都可以保持这一种文风，慢慢地就会成为你的一个品牌。比如我们提到薛之谦，就会想到段子手；提到靳东，就会想到老干部，对吧。

三是画风。这跟文风是一个道理，也是要形成自己的风格。比如丰子恺的《提携》和朱德庸的《孩子你是我的宝贝》见右侧第 1 和第 2 幅图。

▲丰子恺作品

这样的作品就是，你一看就知道这是谁的。那我们自己也可以慢慢地往这个方向去发展。

四是可以画系列“短篇”。就是内容相对独立，但放在一起又有共同的特质。比如食物系列、旅游系列，等等。

▲朱德庸作品

五是可以画连载。就是内容之间是有连续性的。这样也能激发我们的创作欲望，把便签纸上的小生活持续地过下去。

关于形成风格我想到的暂时就是这些，但我想肯定还有别的关于风格的东西。大家可以在画的过程中，慢慢地去理解和找到自己的风格，形成自己的便签品牌。

六是利用便签纸帮我们做构图，如右侧第3幅图。

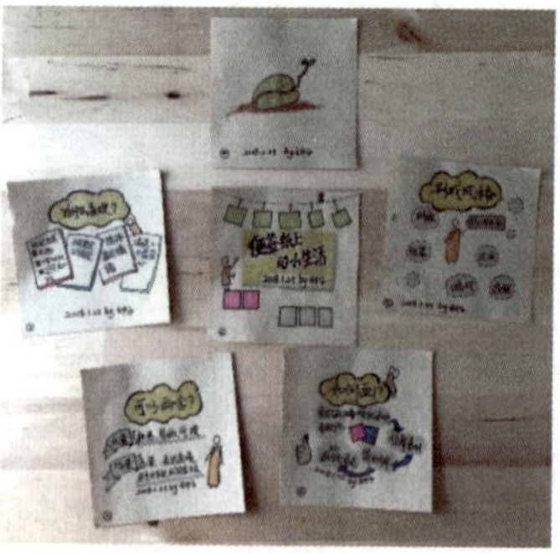

▲构图

我们在画视觉笔记之前，需要在脑子里构图，但有时候想象不了那么清晰，在实际画的时候，会发现很难把想象的东西完美地呈现出来。而便签纸呢，因为它是单独的小部件，我们可以任意地摆放它们，这样就可以看各种不同的构图呈现出来的实际效果是怎样的，也可以帮我们找到不同的内容适合用的构图是哪一种了。

11.4 装备加分——在 iPad 上画笔记

画笔记除了使用手绘的方式，也可以选择软件制作。相对于手绘来说，软件制作会方便修改，颜色丰富，也能更简便的分享出去。在我的画笔记过程中，用过 3 款 iPad 上的软件，使用 iPad 的好处是方便携带，学习成本相对较低。

Paper 53（见右图）：可以随时随地记录灵感，相对于 Sketchbook 和 Procreate 来说，比较容易上手。Paper 53 分为普通版和专业版，普通版有基本笔刷，可以导入照片；专业版在普通版本的基础上可以选择笔刷大小，进行某一内容的复制，拥有更多色彩和跨页粘贴等多种功能，当然，专业版本需付费使用。普通版本可以满足基本的需求，无须付费。

▲ Paper 53 界面

Sketchbook（见右图）：是一款专业的绘画软件，由 Autodesk 公司出品。目前已免费向所有人提供完整版本，可以说是 iPad 中的 Photoshop，可以新建不同的图层，使用上更加方便。

▲ Sketchbook 界面

Procreate（见下图）：号称手机上最强大的绘画软件，是专为创意人士使用移动设备打造的一款应用，其绘制素描、插画和插图的功能无与伦比。Procreate 拥有多达 136 种画笔、高级图层以及高分辨率，支持巨大尺寸的打印。这也是我目前使用最多的一款软件，虽然 procreate 是一款收费软件，但是 68 元的价格，性价比较高。本书中的绝大多数插图，均出自于 Procreate。

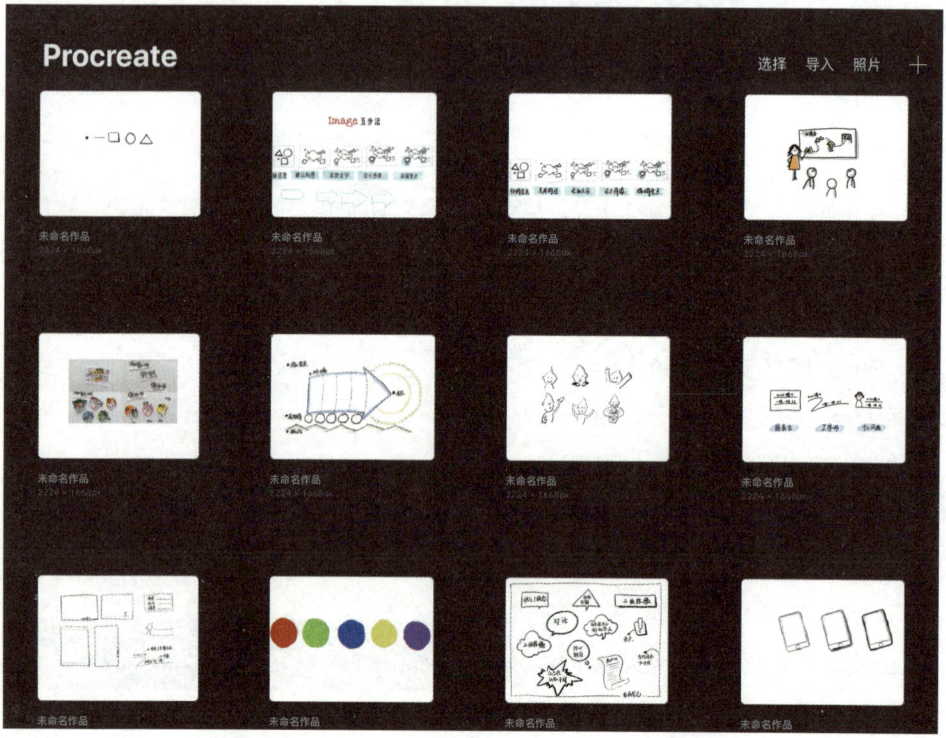

▲ Procreate 界面

这三款软件没有好坏之分，只有是否适合自己。大家可以进行不同的尝试，选择属于自己最为满意的一款软件。

看完这一章，是不是觉得画笔记的运用很广泛呢？还记得这一章的便签生活吗？今天发生了什么有意思的事情呢？赶紧用便签记录下来吧。

作业点评

便签生活的目的在于能够随手记录，记录什么呢？我们可以在 kayle 的作业中得到一些启发：可以记录自己吃了很想吃的一个甜筒，也可以是为即将到来的旅程做一个计划呈现，还可以是记录自己的小心情。对于便签生活而言，没有过多的要求与限制，更多的是考验对生活的观察以及不断练习，画的是否好看，则没有那么重要。

附录

附 1：画笔记学堂常见问题

1．零基础伙伴如何开始学习视觉笔记？

对于零基础的伙伴学习视觉笔记，要注意以下 3 点：

（1）明白视觉笔记是什么。对于毫无基础的伙伴来说，经常会将视觉笔记等同于插画、漫画、简笔画或者思维导图等内容，很多伙伴会误认为视觉笔记就是美化后的笔记。所以，首先需要明白视觉笔记的概念以及它的核心——表达想法而非艺术。

（2）掌握正确心态。刚开始尝试视觉笔记的伙伴，经常出现的心态是“越想画好越画不好”，对于此类状况，我的建议是“大胆犯错”，多实践，不要担心自己画不好，即使是艺术家在初学期间都无法做到想画什么就是什么，尤其是对于从来没有画过东西的同学，更是要稳住心态，逐步前行。

（3）按照方法一步步实践。

2．如何有效拆解物体？

技巧 1：先从简单的开始，尤其是一些点线面比较清晰的。前 50 个临摹对象，尽量找轮廓清晰可见的，比如杯子、手机、桌子等比较方正的内容，一开始不要人为地增加难度，等到拆解熟悉之后，可以再开始拆解复杂的物体。

技巧 2：拆解图像时，可以选择当下水平可以画出来的角度。理由同上，一开始不要人为地增加难度，比如拆解手机时，正面角度比较好拆解，画出来也比较像，但是侧面看起来就不太容易辨认出是手机。

3．线条画不好，不流畅怎么办？

对于初学者来说，线条比较难以把握，可以用手腕带动手臂的力量进行练习，单独练习线条；也可以结合临摹缠绕画的方式增加对线条的熟悉度。

4．如何看一篇视觉笔记是否优秀？

最为基本的，字迹是否清晰可见，作为欣赏者的你是不是愿意读下去。在此基础上使用本书第 3 章提到的 ABC 法则，如层次是否清晰，内容是否清晰易理解，画面留白是否恰到好处，构图是否适合内容等。

5．如何在日常生活中建立自己的视觉思维？

伸出视觉的“触角”留意生活中的任何事物，都去使用“转码”思维，将物体在脑海中转化成所对应的图像；也可以使用拆解的方式，将物体用点线面的方式将图像拆解开，看每一个图像具体如何完成。

6．如果想要表达内容画不出来怎么办？

在画笔记的过程中，随着画笔记的实践越来越多，不会画的内容也会越来越多。大家可以转换思维，比如想表达“危险”一词，想到的对应画面可能是悬崖，悬崖不会画怎么办？想象其他可以代表危险的图像，如骷髅、电，等等。

7．是不是要先用铅笔打稿？

尽量不要用铅笔打草稿，特别是在画元素时，直接用笔画下来即可。刚开始练习的时候可能会有些吃力，但是随着练习的增加，会慢慢熟悉。画完整的笔记时，可以用铅笔在草稿纸上画简单的底稿，但是底稿也仅限于画出大概的位置，不需要具体的细节。熟知之后就可以彻底扔掉铅笔，如果一直丢不掉铅笔，画笔记的能力很难练就，也会增加工作量。

8．自己如何练习做视觉记录？

想要尝试视觉记录的伙伴，首先要对视觉笔记的方法步骤明确掌握，并熟悉各种元素与构图。

其次是要去大纸上尝试，在大纸上画与在自己的笔记本上画的效果完全不一样。除了熟悉大纸张上笔的用法之外，也要建立与大纸的熟悉度，练习站立作业的能力。

除了以上 2 点之外，视觉记录还要求速度，以及对现场内容的转化与表达能力。

9 . 去哪里寻找灵感？

生活中到处都是灵感。比如公交站台上、地铁中的各种海报和广告，公司或者小区里电梯中的海报，上面会有各种各样的元素以及构图，甚至会有隐喻出现；逛商场时的各种宣传帖，产品介绍页面，都是经过精心设计的，也可以从里面寻找灵感。

手机上的灵感更是精彩。我们日常使用的手机中的各个 APP 中，上面的每一个按钮，每一个页面的设计，都是各个公司的设计师单独设计。从 APP 打开时的启动页面，到各个引导页，以及每个页面上出现的小元素，都可以直接拿来使用。

微信聊天。聊天时候经常会用到各种各样的表情包，有关于表情的，有关于文字的，都是非常棒的素材。

要有意识地进行这样的收集，最好是在自己的手机或者电脑中建立这样的文件夹，存放这些灵感，没有思路的时候就可以拿出来翻看，找灵感。

10 . 那里可以找到视觉笔记作品？

目前国内的视觉笔记处于起步阶段，虽然百度上会出来很多内容，但是我们还是可以借鉴更棒的作品，大家可以使用 google 搜索“sketchnote”，会有很多作品出现。但是需要注意的是，无论是国外还是国内作品，不是搜出来的就是好的，借鉴使用前要对内容进行分析。

微博“画笔记”也会经常更新伙伴们的内容以及国外“大神”的视觉笔记作品。

另外，一些设计类作品可以多看，提升审美，也能看别人怎么做创意。

11 . 可以提升审美的网站或素材推荐

国民图片搜索网站：花瓣；同类网站：堆糖。

设计类网站：站酷 / 优设网，设计师必去网站。

12．该临摹还是该创作？临摹久了后是不是就不会创作了？

任何伟大的艺术家都是从临摹开始的。我们自己的任何行为，也是从模仿开始的。我们小时候不会吃饭不会穿衣不会做任何事情，都是模仿着大人的行为来的，慢慢长大了，才有自己的想法或者自己特色的东西。画笔记也是这样，一开始大家都是在临摹中成长的，但是需要注意的是不能随便拿来一幅作品就去“照着画”。临摹前要进行认真分析：我为什么要临摹这个，是因为我觉得这张图上面的这个元素不错，我不会画，我要学会；或者说这个构图不错，我想学习等。有了分析之后再去临摹，会事半功倍。

13．如何让物体有立体感？

方法 1：想要使物体产生立体感，主要是要让物体产生层次。何为层次？就是让物体与画面有前有后。怎么做到有前有后？最简单的就是加入阴影。

方法 2：给物体描边。需要注意的是，描边的时候只描最外层就可以了，比如说用 1 号笔画图，可以用秀丽笔再去把最外面的边框描一圈。还是刚才那个手机，描边之后的效果如下：

14．越想画，越画不好，怎么办？

从未有过视觉笔记（或者画画）的伙伴，在初次接触视觉笔记的时候的确会出现这样的状态。对于成年人来说，拿起笔画东西本就不是一件容易的事情，所以开始的 3 ~ 5 天，都会是磨合期，要让大脑适应“图像”，让手适应画出来的是图像而不是写出来的字。但是 3 ~ 5 天之后，手、笔、大脑之间慢慢地磨合好了，这种情况就会减轻。但是依然有很多伙伴会画不好，怎么办呢？

一个重要的心法就是每一个想要学习视觉笔记的伙伴都应该坚信自己可以画出很棒的视觉笔记。另外一个秘诀，就是不要害怕出错，越怕出错，越画不好，所以索性就放开画，即使画错了，付出的代价也只是一张纸而已。尝试放开自己去画，会发现效果真的很不一样。

15．人物动作怎么画？

人物动作是一个比较难表达的地方，即使是专业人员也要练习很久。所以，如果大家一时画不出人物动作，可以采用如下两种方法：

（1）摆 pose 后画出。当遇到不会画的人物动作时，可以进行摆拍，无论单人还是组合都可以使用这种方法，然后用拆解的方式将摆拍后的内容画出来；对于一些表情，当无法画出的时候，可以照镜子，进行创作。

▲摆 pose 后画出

（2）使用木头人。一般的文具店均可买到可以摆弄四肢的木头人，可以使用木头人摆出想要的人物造型，然后对比摆拍后的内容进行练习。

▲使用木头人

16．内容太多时一张纸画不下怎么办，要精简内容吗？

刚开始尝试视觉笔记的伙伴，经常会无法把握内容与纸张大小的问题，回归画笔记的初心，并不是为了在一张纸上将所有内容记录，而是通过视觉笔记这种方式传达信息，所以在遇到纸张不够的情况下，尽量以内容为主，而不是为了在一张图上呈现内容而去删减信息。

这样的结果会造成构图问题，所以在确认构图环节时，就要留意每一信息块内容的多少，从而为其预留出合适的位置。

随着练习的加深，对内容呈现和对纸张的熟悉度会慢慢加强，这种情况会逐步改善。

17．视觉笔记中是不是不应该写太多的字呢？字太多了影响美观。

存在这个问题的原因，更多的是因为没有掌握“表达想法而非艺术”，在画笔记中，文字是最为基础核心的内容，一篇笔记想要清晰的表达内容，最主要的还是通过文字内容，图像只能起到锦上添花的效果。画笔记最主要的不是为了好看，而是更加清晰明了的理解内容，一味地追求美观而忽略内容是得不偿失的做法。

18．画笔记时一定要遵循 IMAGE 五步法吗？

初次尝试视觉笔记的伙伴，可以根据 IMAGE 五步法来一步步操作，这样能更快速地完成内容的输出；熟悉 IMAGE 五步法之后，可以按照自己熟悉的方式进行操作。比如有些伙伴习惯先画图后文字，这个时候就要注意图像预留的位置要合适，不能太大或太小，要确保文字能够完全展示出来。但是要遵循整体大的流程先输入—归纳整理—输出；具体的视觉笔记的最外层——文字、图像色彩部分，可以按照个人的习惯进行。

附 2：画笔记常用工具介绍

笔是我们视觉笔记的主角，所有画图象、写字的部分都靠它。樱花勾线笔的特点是防水，是设计师的专业用笔呢。

樱花勾线笔有不同的色号，推荐最常用的 0.3 号用来画图，1 号笔用来写字。

▲常用笔——樱花勾线笔

虽然大家对它不是很熟悉，但是马克笔是非常出效果的一款笔，而且它拥有两个笔头，宽头用来大面积润色，刀锋也可以画出纤细的线条，而圆头可以用来刻画细节。

▲上色必须的马克笔

视觉笔记对纸张的要求不是很高，无论是专业的素描本还是随处可见的 A4 纸，只要是空白就可。如果说建议的话，尽量使用大纸张，如 B5 或 A4，道林纸最佳。

▲空白本

附 3：

常用的 180 个视觉单词

在"画笔记"公众号后台回复"视觉单词"
可以下载电子版本哦

基本元素

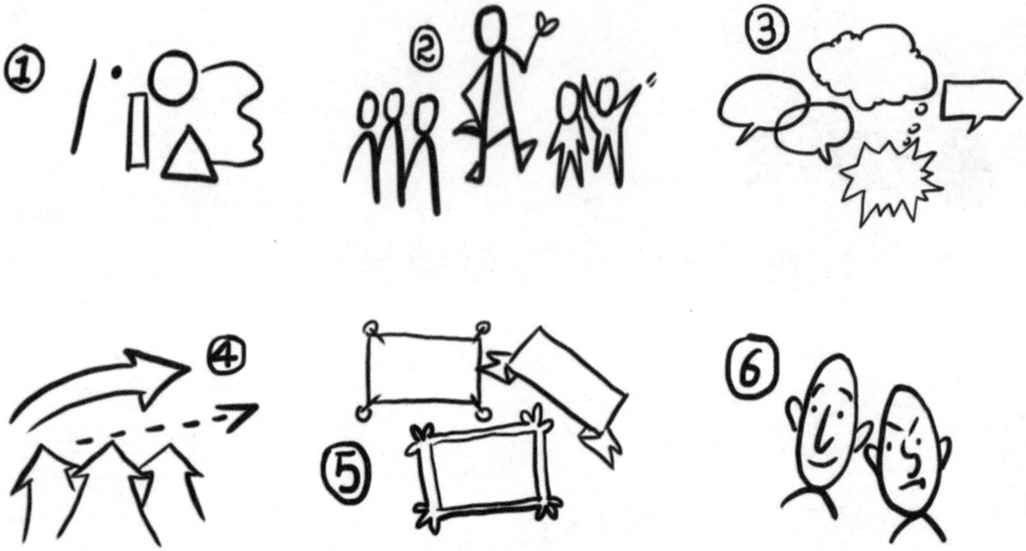

常用元素

MILK
BUTTER
MOVIE
3D
SODA
O
POP

HAIR SPRAY

边框

旅行元素

学校元素

工作元素